« *A ma grand-mère* »

« *A mes deux filles jumelles* »

PARENTS DE JUMEAUX

Notre vie croustillante !

Pour mieux en rire…

ISBN N° 978-2-366470-21-5

TABLE DES MATIERES

INTRODUCTION

Lorsque la gynécologue a posé sa sonde sur mon ventre tout rond, elle s'est écriée : « Deux ! »
Deux quoi ? Deux bras ? Deux jambes ? Deux yeux ?
Nous nous sommes regardés, puis à nouveau l'écran de contrôle, puis, je crois que c'est à ce moment-là que j'ai compris ce que je voyais.
Non, il s'agissait bel et bien de deux fœtus...
Nous espérions tant avoir un enfant, et là, nous en avions deux.
Nous étions choqués ! Abasourdis !! Flasques... Mi-heureux, mi-inquiets !
Nous avons mis une bonne semaine à nous en remettre, à ne pas dormir tellement nous nous posions de questions :
« Comment allions-nous faire dans un deux-pièces ? » « Fallait-il l'annoncer précocement à mon patron ? » « Que fallait-il acheter ? » « Aurions-nous le budget nécessaire ? » Mais surtout : « Allais-je vraiment devenir une énorme baleine ? » « Vais-je aller à terme ? »...
Je me souviens de ce moment comme d'hier tellement nous étions inquiets !
La grossesse gémellaire est tellement étiquetée « grossesse à risque »... Elle fait peur, elle angoisse l'entourage... Mais finalement, si l'on reste zen et que l'on se repose bien, que l'on reste actif avec modération, cela peut relativement bien se passer !
A 35 ans, je considère aujourd'hui mes deux petites princesses d'un an comme de vrais petits miracles !
M'étant reposée de bonne heure tout en gardant des exercices modérés quotidiens (courses, ménage, escaliers), j'ai eu la chance de mener ma grossesse jusqu'à huit mois et une

semaine, avec seulement douze kilos de plus. Mes petites sont alors nées en parfaite santé.
Aujourd'hui heureuse et fière d'être une maman de jumelles, je me rends compte du décalage entre la perception des gens et ce que l'on vit vraiment au quotidien... C'est une aventure extraordinaire, un double bonheur !
Nous sommes chaque jour les témoins d'une complicité si belle à voir... Aussi et surtout, nous recevons deux fois plus d'amour et de câlins !
Mais souvent, lorsque nous sortons, nous sommes accostés par des gens que nous ne connaissons pas, lesquels sont interloqués par la présence de deux bébés dans une poussette... « C'est des jumeaux ? » « C'est des vrais ou des faux ? » « Que vous avez du courage, ça doit être dur ! »...
Je suis certes un peu fatiguée, mais comme tout jeune parent. Pourquoi tous ces gens sont-ils si inquiets, si admiratifs ou parfois si dégoûtés ?

C'est forte de ce constat que ce livre est devenu une évidence !
Etre parents de jumeaux n'est pas un choix, et bien souvent, nous nous retrouvons dans des situations plus qu'inattendues, si bien que de nombreux questionnements apparaissent.
Je me suis aperçue que tous les parents de jumeaux, souvent désorientés, finissent de nos jours par se retrouver sur les forums ou les réseaux sociaux afin de trouver réponses à leurs questions.
Pour autant, croyez-moi ! Nous sommes, aux yeux des gens dits normaux, des sortes de « héros surnaturels » ! Des êtres à part, dotés de pouvoirs surnaturels.
Ne vous méprenez pas, les gens, nous possédons juste une force d'adaptation décuplée par les circonstances. Nous avons aussi un sens aigu de l'humour, qui nous permet de rire de certaines situations pourtant énervantes sur le moment. Comme on dit, mieux vaut en rire qu'en pleurer !

Surtout que, au-delà de la fatigue et de l'incompréhension des autres, les parents de jumeaux vivent un bonheur immensément décuplé.
Un contraste saisissant.

Les parents de jumeaux se reconnaissent. Nous partageons sans même le savoir des différences et des anecdotes qui finalement nous rassemblent.
Au-delà de la connaissance et des pavés médico-psychologiques sur la gémellité, celle qui fascine et qui rend perplexe, je voulais offrir ici un endroit de partage, d'illustrations de nos galères et de nos bonheurs, de nos anecdotes les plus croustillantes de parents de jumeaux.

Comment devient-on parent de jumeaux ? Comment se passe l'annonce, puis la grossesse ? Qu'est-ce qui change alors ? Quelles sont les conséquences ?
Une fois devenus parents de jumeaux, c'est un fait, nous vivons tous ou presque des situations insolites ; des réflexions de la part de gens qui soudain nous remarquent, des nuits fatigantes, des conseils tout azimut, des sautes d'humeur, mais également et surtout des moments de grâce !
Et oui, c'est également beaucoup de bonheur et d'avantages que d'avoir des jumeaux ! Rendez-vous plus loin dans ce livre pour savoir lesquels...
Etre parent de jumeaux, c'est quelques galères, mais à travers elles, naît une certaine solidarité entre parents. On se comprend, on rigole de certaines situations, mais surtout, nous sommes les meilleurs conseilleurs pour les futurs parents de jumeaux qui se posent une multitude de questions !

Chapitre 1

DEVENIR PARENT DE JUMEAUX

L'ANNONCE

« Dans la vie, il y a deux choses auxquelles on n'est jamais réellement préparé : des jumeaux ! »

Josh Billings, 1815-1885, écrivain et humoriste américain

Certains rêvent d'avoir des jumeaux, mais la plupart de ceux qui en deviennent parents n'y songeaient même pas.
C'est souvent une surprise, que dis-je, un choc, une baffe dans la figure, qui ne nous quitte pas pendant un bon moment. On ne dort plus, on se pose plein de questions matérielles, on s'inquiète... Mais très vite, il faut relativiser. Ce ne sera pas UN, ce sera DEUX !

Voici quelques témoignages de différents parents de jumeaux.

TEMOIGNAGES DE PARENTS DE JUMEAUX : COMMENT ONT-ILS SU ?

« A l'échographie de datation, l'interne m'a dit : “Heu, on va changer d'échographe car je crois qu'il y en a deux.” » Marine

« A la première échographie officielle, alors que cela n’avait pas été détecté avant, mon mari était mort de rire et moi en larmes... J’ai pleuré jusqu’à la fin de la séance. » Edith

« Lors de l’échographie de contrôle à 7 SA pour valider la grossesse, un seul embryon et un seul rythme cardiaque ont été vus. Mais à l’écho des 12 SA, le gynécologue a soudain précisé : “Mais ce sont des jumeaux !” Devant notre stupeur car 1/ il ne les avait pas vus à 7 SA, 2/ il n’y a pas de jumeaux dans nos familles, et 3/ nous n’avons pas suivi de traitement hormonaux ou autres ! Il nous a expliqué que la probabilité des grossesses gémellaires dites spontanées après 40 ans augmentait fortement et était de l’ordre de 4-5 %. Dans notre cas, il s’agit de jumelles dizygotes. » Lorène

« J’allais chez ma gygy pour un contrôle de routine et j'avais fait un test genre le week-end avant et mon test était positif. Du coup, au RDV chez ma gygy, je lui ai dit que j’étais enceinte. Elle m’ausculte avec la sonde vaginale et me dit que oui, en effet, je suis bien enceinte, et que surprise, regardez, il y en a deux ; j'étais éclatée de rire ! Mon chéri m'attendait dans la salle d'attente avec d'autres patients. Tout le monde m'a entendue rire et quand je suis sortie, mon chéri m'a dit : “Il y en a deux, c'est ça ?” Tout le monde dans la salle d'attente était au courant !
On était mort de rire, de stress, de joie, de panique, on ne savait plus trop ! » Jessica

« Mon ancien gynéco m'avait dit que je ne pouvais plus avoir d'enfants, donc je ne m'attendais pas à tomber enceinte. Jamais je n'aurais cru que mon rêve se réaliserait un jour... A l'échographie de datation (j'étais à 5 SA), dès qu'il a mis l'appareil, j'ai vu deux poches ! J'ai de suite compris. Je me suis mise à rire, je ne pouvais plus m'arrêter! J'étais super heureuse !! Après cinq ans à croire que je ne pourrais plus avoir de bébé, me voilà avec deux bébés d'installés. » Marilyne

« Quand j'ai appris que j'étais enceinte (prévue car on voulait un petit second), j'ai pris RDV chez ma gynéco. Sereine, ayant déjà vécu une grossesse, j'y vais seule. Elle me fait l'échographie et là, elle reste figée et me dit : "Vous voyez ce que je vois ?" Et moi, dans ma tête : "Oui bien sûr ! Mdr, je ne comprends rien à leurs images !" Donc, je lui dis : "Non..." Et elle me répond : "Y'en a deux !!" A partir de ce moment, elle pouvait tout me dire, je n'entendais plus rien, abasourdie !! Quelle surprise, étant donné qu'il n'y a aucun jumeau des deux côtés de la famille ! » Julie

« J'ai fait une échographie à 7 SA. Avant d'aller la faire, j'ai dit à mon mari : "Imagine, s'il y en a deux !" Et il m'a répondu, avec tout le tact qu'un homme peut avoir : "JAMAIS DE LA VIE, on va commencer par un déjà !" Alors quand le radiologue m'a dit : "Tiens, y'a une 2e poche", je lui ai demandé de me confirmer ce que ça voulait dire. J'étais effondrée, me suis rappelée ce que mon mari venait de me dire et puis toutes les questions matérielles qui viennent avec. Une après-midi avec mes copines et j'avais relativisé. Mon mari et moi sommes désormais très heureux de nos deux petits mi-anges, mi-démons.
Une émotion de choc rapide, puis beaucoup de bonheur par la suite ! » Monia
« J'ai su que j'étais enceinte fin août, première écho mi-septembre, mon mari m'a dit : "Je ne pourrai être là et je sais

ce que c'est, la première échographie, on ne voit pas grand-chose.” En partant du travail pour me rendre à l'écho, je me suis dit : ça serait marrant qu'il me dise qu'il y en a deux. En effet, j’ai toujours rêvé d'avoir des jumeaux et de plus, je voulais une famille nombreuse. Il me pose la sonde sur le ventre et là, j'ai tout de suite compris ! J'ai vu mes deux bébés. Il me dit : “Bah il y en a deux, et ce sont des vrais…” Je me suis effondrée ! Ma première question ? Est-ce que je pourrais les allaiter, je voyais déjà cela comme insurmontable… En sortant, j'ai pris mon téléphone, pris en photo l'échographie et ai envoyé un MMS à mon mari en lui mettant : “Voici tes bébés !” Je l'appelle dix minutes plus tard :
- Alors, tu as vu ?
- Vu quoi ?
- Mon MMS !
- Non, alors tout va bien ?
- Bah oui ! Et il y en a deux...
- Oui, c’est ça ! Tu m’as déjà fait le coup pour les deux derniers...
- Mais là, c’est du sérieux ! Regarde ton MMS et je te rappelle.
Deux minutes après :
- Alors, tu as vu ?
- Ouep ! Et bien là, on est vraiment dans la m**** !
Nous faisions construire... En fait, on a fait toute notre maison livrée hors d'eau hors d'air et on a fait tout l'intérieur et c'était loin d'être fini, mais aujourd’hui c'est le pied ! » Karine

« La grossesse en elle-même était une surprise ; une double surprise d'ailleurs !
Au rendez-vous pour la première échographie, la gynécologue me dit : “Oui, vous êtes bien enceinte et ils sont deux !”
Moi : “Deux ? Deux ! Deux ?!”

La gynéco : “Oui, deux comme jumeaux.” Elle me montre l'écran et me dit : “Un et deux ! ”
J'appelle mon homme et je lui confirme ma grossesse et lui dis que ce sont des jumeaux ! Faut le dire, j'étais sous le choc... Et lui, naturellement, me répond : “Oh mais ma puce, on savait qu'on avait des chances d'en avoir !!!” » Anne

« Quand on est allé voir le gynécologue pour la première visite avec mon mari et qu’il nous a dit que c’était des jumeaux, mon mari lui a demandé s’il était sûr et de vérifier une deuxième fois. Moi j’ai rigolé (car je m’en doutais, que j’attendais des jumeaux) et j’ai fait pipi sur la table d’auscultation du gynécologue. J’ai été gênée et je me suis excusée. Il m’a dit : “Oh, ne vous inquiétez pas, ça arrive plus souvent que vous ne le pensez !” » Sandra

DIZYGOTES OU MONOZYGOTES ?

Il y a ceux qui s'y connaissent déjà, parce qu'ils ont déjà des jumeaux dans la famille, ou parce que, avec un parcours médicalisé, on s'y prépare, ou parce que l'on désire avoir des jumeaux ; et il y a ceux qui n'y connaissent rien.

Il y a aussi ceux qui sont vite fixés, et il y a ceux qui restent dans le flou total…

Parce que l'on se pose des milliers de questions, dont celle-ci, parce que l'on s'inquiète déjà pour eux et pour nous…
Bref, voici un briefing des différentes « sortes » de jumeaux !

JUMEAUX DIZYGOTES, DITS « FAUX » JUMEAUX

Lorsque l'on devient parent de jumeaux, on emploie rarement le terme « faux » !

D'abord parce que ça énerve ; ce ne sont pas de faux bébés, ils sont bien jumeaux, et le terme « faux » renvoie à une mauvaise idée.

Je vais donc employer le terme médical, celui de dizygote.

Demandez bien, lors de l'échographie : s'agit-il de DEUX ovules et de DEUX spermatozoïdes différents ?

Car à ce stade de vision des choses, on ne voit que des haricots dans le ventre de la maman...

Jumeaux dizygotes

Grossesse bi-choriale bi-amniotique

Si le médecin a la possibilité de vous répondre par l'affirmative, vous y êtes ! Bienvenue dans le monde des parents de jumeaux dizygotes !

En clair, le résultat de cette fusion de DEUX ovules et de DEUX spermatozoïdes va donner une fratrie qui naîtra ensemble, mais les bébés ne disposeront pas exactement des mêmes gènes. Cela peut donc donner deux garçons, deux filles ou un couple mixte, le fameux « choix du roi ».

Alors voilà vos deux placentas et vos deux cordons qui grandissent et qui vont donner des jumeaux aux traits différents.

On parle donc de grossesse gémellaire « bi-choriale bi-amniotique ».

JUMEAUX MONOZYGOTES, DITS « VRAIS » JUMEAUX

Il existe plusieurs cas de jumeaux monozygotes, comme l'indique le schéma ci-dessous.

De façon synthétique, cette situation survient lorsqu'un ovule est fécondé par un spermatozoïde, et que la cellule œuf qui en découle se sépare en deux, formant ainsi deux embryons qui ont le même patrimoine génétique.

A vous donc de demander à votre médecin s'il a une idée du cas qui vous concerne dans ces schémas :

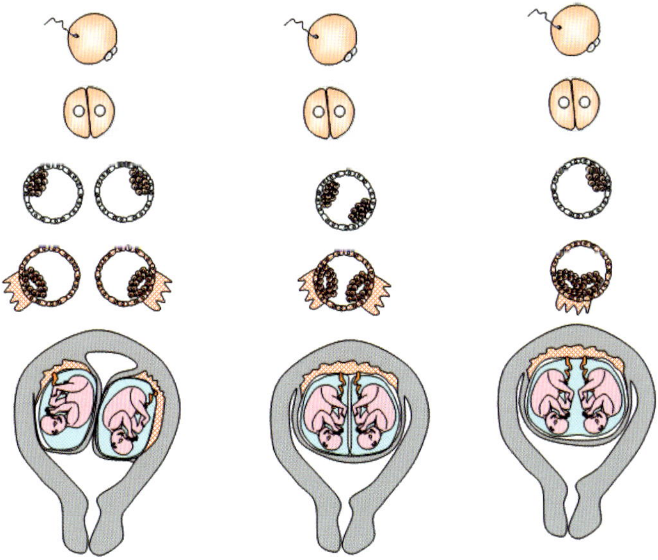

Jumeaux monozygotes	Jumeaux monozygotes	Jumeaux monozygotes
Grossesse bi-choriale bi-amniotique	Grossesse mono-choriale bi-amniotique	Grossesse mono-choriale mono-amniotique

LES CHANGEMENTS RADICAUX

Beaucoup de chamboulements sont impliqués lorsqu'on devient parent de jumeaux.

Pour ma part, nous allions passer de deux à quatre et nous habitions un deux-pièces ! Il a donc fallu **déménager vers plus grand**... Nous sommes nombreux à anticiper et déménager. C'est un chamboulement de vie que l'on n'avait pas forcément prévu, et non des moindres.
Cela implique de changer ses habitudes (faire ses courses ailleurs, côtoyer d'autres voisins…), mais un déménagement, c'est des cartons, beaucoup, beaucoup de cartons ! C'est aussi faire suivre son courrier, réaménager son espace vital, se cogner la nuit pour aller aux toilettes... Plein de choses !

L'achat d'une nouvelle **voiture** aussi.
Inutile de préciser qu'un coupé sport n'est pas adéquat. Evidemment, on se retrouve tous à se demander si l'on doit pour autant changer de voiture, car on l'aime, notre superbe diesel ! La question est plutôt de savoir si votre poussette, votre sac à langer de onze tonnes et votre sac de jouets vont rentrer dans son coffre. Sans oublier les courses ; c'est bien beau de faire une sortie au supermarché avec la poussette double, mais au moment de rentrer, il faut aussi pouvoir caser ses courses !
Beaucoup d'entre nous finissent par mesurer la capacité de leur coffre, et par faire des essais chez le concessionnaire. Non, sans rire, c'est une question importante !

Quant à la **poussette double**, plus elle sera pratique et maniable, plus vos sorties seront paisibles. On devrait créer des concessionnaires pour poussette double ! Le choix devient tellement large que l'on ne s'en sort plus.

Personnellement, j'ai confié cette tâche ardue à mon chéri, qui s'est concentré là-dessus. Les hommes à la technique, les femmes au trousseau de naissance !

La **place** est un élément clé également. Il faut penser au **rangement** lorsque l'on a des jumeaux : dans la cuisine pour les repas, dans la salle de bains pour la ou les tables à langer, dans la réserve pour les couches, etc.

Et, lorsque l'on a déjà un ou plusieurs singletons, on pense souvent à la **puériculture en double** ; on rachète une autre chaise haute, un autre transat, un autre lit de bébé, etc.

Tous ces changements ont un coût ; c'est dans le **porte-monnaie** que finalement nous sentons un changement radical ! Je me demande si les représentants politiques en ont conscience...

Notre place dans la société change radicalement aussi ; vous n'êtes plus untel, mais vous devenez « la maman des jumeaux » ! Quand on se présente, on nous parle directement de nos jumeaux parce qu'ils sont à nos côtés. Du coup, les gens ne s'intéressent plus à rien d'autre (métier, famille, amis). C'est pour eux une évidence que rien d'autre n'existe puisque c'est une charge tellement importante dans votre vie...

Notre corps de nouvelle maman s'est métamorphosé... Il devient difficile de perdre ce ventre disgracieux, de raffermir ces seins tombants...

Notre couple est mis en bannière... J'exagère à peine lorsque je parle de collègues de vie dont la tâche est de faire grandir les jumeaux. La fatigue aidant, il devient effectivement difficile de consacrer du temps et des câlins à sa moitié !

Nos envies changent également : un moment de silence, une sortie, un ciné, un bain, une nuit entière... Tout cela devient vite l'objet de nos désirs permanents.

Les repas des adultes s'écourtent. Leurs ébats se raréfient... Ces derniers connaissent même par cœur l'emplacement des piles au supermarché.

Bref, nous changeons.

LA GROSSESSE GÉMELLAIRE

Cette étape est très importante moralement pour devenir un parent de jumeaux à part entière.
C'est quitte ou double ; elle peut se passer très bien, comme elle peut être très dérangeante.

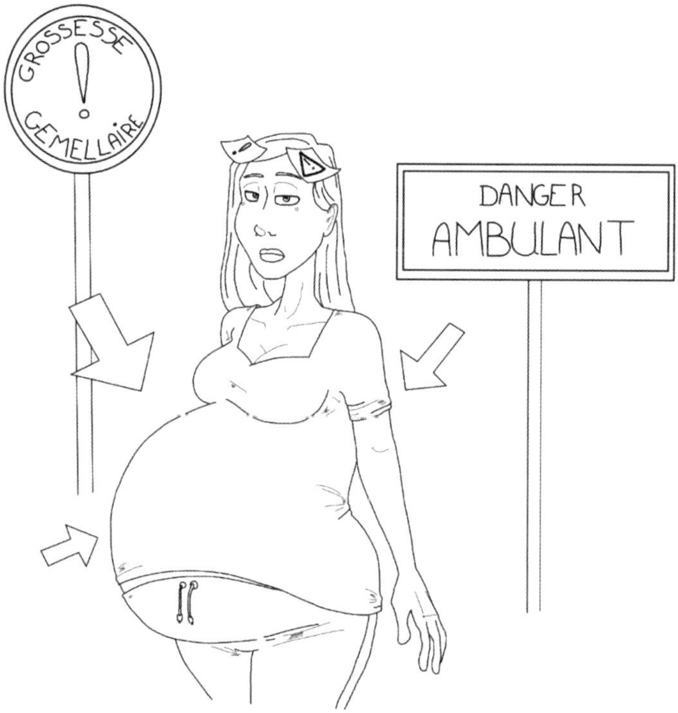

Les maux les plus fréquents sont les nausées d'abord (le taux d'hormone étant supérieur), les problèmes de cholestase ou d'hypertension, le poids du ventre, le mal de dos, la difficulté à se déplacer, la MAP ou menace d'accouchement prématuré (qui occasionne alors une hospitalisation ou un alitement total souvent pénible), et enfin le RCIU, soit le retard de croissance intra-utérin. J'en oublie sûrement...

Plus vous avancerez vers votre DPA (date prévue d'accouchement), plus votre parcours médical sera ponctué d'échographies pour contrôler les bonnes évolutions des fœtus.
Oui, quand on est enceinte de jumeaux, on parle au pluriel !

Dans un cas sur deux, il faut bien entendre que les grossesses gémellaires se passent à merveille. Ce fut mon cas et celui de beaucoup d'entre nous. Jamais je ne me suis sentie aussi bien, aussi vivante et pleine d'espoir.

Ainsi, le plus grand danger de la grossesse gémellaire, c'est les autres !

Le corps médical, les mamans ou futures mamans de singleton, votre famille si elle n'a jamais connu de grossesse gémellaire : ne-les-é-cou-tez-pas !

« J'ai entendu dire que ci » ; « Il paraît que ça » ; « Vous êtes une grossesse à risque »...

A les entendre, on se croit déjà malade !

Même votre conjoint risque d'être surpris face à l'ampleur de votre ventre et encore plus étonné vers la fin de votre grossesse, lorsque votre ventre prendra des formes bizarres, écartelé par les mouvements et combats internes de vos jumeaux. Parfois troublants, parfois touchants, ces moments

sont uniques, il faut en profiter, les immortaliser.
Finalement, notre meilleur allié dans cette grossesse gémellaire, c'est nous-même ! Il faut s'écouter, se ménager autant que faire se peut, et le plus tôt possible, même si tout va bien, mais ne pas abandonner toute activité au risque de devenir complètement dingo !
Le dosage et l'anticipation sont pour nous des « clés de vie » qui ne nous quitteront plus... Plus vite vous réaliserez que le repos sera salvateur pour aller le plus loin possible dans votre grossesse, mieux vous vous porterez.

Pour autant, ne quittez jamais l'idée que vous n'êtes pas malade, même si la grossesse se complique ; gardez des occupations raisonnables.
Ménage peut-être, mais ménage à deux à l'heure avec des pauses.
Escaliers peut-être, mais avec des pauses de plus en plus fréquentes.
Sortez, mais faites ralentir vos accompagnants ; opération escargot ! Ils doivent s'adapter à votre marche en crabe à l'allure de tortue...
Lisez d'autres choses que des bouquins médicaux sur la grossesse gémellaire ; c'est anxiogène !
N'écoutez que votre cœur et les témoignages de mamans de jumeaux ; vous devenez une future maman de jumeaux où seuls vos homologues peuvent vous comprendre et vous conseiller.
C'est une communauté silencieuse, mais bel et bien présente. Ne vous croyez pas seule à ce moment de votre parcours. Cherchez-les, vous verrez, nous sommes très solidaires.
Chaque expérience reste unique, mais nous connaissons et comprenons toutes et tous l'ampleur de vos angoisses ; restez zen ! Une déferlante de bonheur vous attend...

LA NAISSANCE

« On a DEUX vies. La deuxième commence le jour où l'on devient PARENT DE JUMEAUX. »

C'est en général à ce moment-là que l'on se rend compte de la chose. Deux bébés, ouf... deux bras ! Pourtant, on le sait, qu'il y en a deux, mais là, ça devient concret.
C'est doublement flippant ! C'est également doublement jouissif...
L'accouchement des jumeaux peut se passer par voie basse ou par césarienne ; prévu ou imprévu, il reste un immense moment dont chacun se souvient et qu'on raconte avec fougue.
Chaque expérience est différente.
Le mieux pour en parler, c'est au travers de l'expérience de chacun.
Vivez donc, au travers de quelques témoignages poignants, l'arrivée de jumeaux...

TEMOIGNAGES DE PARENTS DE JUMEAUX : COMMENT ONT-ILS VECU LA VENUE DE LEURS ENFANTS ?

« La naissance des filles a été compliquée. Suite à une grossesse compliquée, il y a eu un syndrome transfuseur transfusé à 20 SA, j'ai donc dû me rendre à Necker pour me faire opérer. L'opération a été un succès mais comme ils touchent au placenta, on m'avait dit que ma grossesse n'irait pas plus loin que 34 SA et qu'ils feraient une césarienne. J'ai été suivie ensuite une fois par semaine par une spécialiste sur Nantes ; arrivée à 34 SA, on a positionné un RDV le mardi 27 novembre pour établir la date de la césarienne. Dans la nuit du 26 au 27 novembre, j'ai perdu du sang. Les pompiers m'ont emmenée au CHU de Nantes. (Heureusement, ce n'était rien, il s'est avéré par la suite que c'était un caillot de sang qui restait de l'intervention à Necker et qui s'est rompu lors du démarrage du travail). Comme le travail démarrait et que tout se passait bien, l'équipe a accepté un accouchement par voie basse. Après la pose de deux péridurales (la première, l'interne n'a pas réussi à la poser), le travail se passait bien et j'ai commencé à sentir la tête de ma première fille. Ensuite, ça a été très vite, 11 h 19 elle était sortie et la deuxième a suivi facilement et est sortie à 11 h 26. C'est la suite qui a été plus compliquée, on ne m'avait pas prévenue que les hémorragies étaient fréquentes lors de grossesses gémellaires, et c'est ce qui m'est arrivé avec en plus une difficulté à sortir le placenta qui ne se détachait pas du tout… Un très mauvais souvenir… Par contre, je suis heureuse d'avoir pu accoucher par voie basse quand même. Et ce sont les filles qui ont décidé de sortir et non l'équipe médicale ! » Maud

« Ce jour-là fut le plus beau des jours ; voir mon premier enfant, puis mon deuxième et pouvoir les prendre dans mes bras tous les deux ! Plus rien autour de moi n'existait. Juste la maman qui venait de souffrir toute la journée et qui nous attendait en salle de naissance ; “la pauvre”, elle fait tout le travail et c'est moi qui en profite le premier. » Jérôme C.

« Césarienne au top, ils sont arrivés trop tôt (33 SA), mais une super équipe était là pour tout faire rapidement. Pitchoun a pleuré de suite, j’étais rassurée. Crevette, elle n’a pas pleuré, elle ne bougeait pas, j’avais très peur de la perdre. Ils les ont vite emmenés et vingt minutes plus tard, ils sont venus me dire que tout allait bien pour les deux, qu’ils respiraient seuls. Ouf ! J’ai passé les vingt plus longues minutes de ma vie à croire que ma fille était morte. Aujourd’hui, Pitchoun et Crevette pètent le feu. » Marilyne

« J’ai vécu un accouchement merveilleux ; peu de futures mamans dans le service, une équipe aux petits soins, premières contractions à vingt heures, un accouchement à trois heures trente du matin...
Tic a pointé le bout de son nez, il a été mis sur mon ventre. Petite échographie, trois poussées puis Tac a déboulé.
Des flots de larmes de bonheur, une grande émotion et la conscience de vivre un moment magique que peu de personnes vivront. » Laure

« On nous fait une telle montagne de ce que va être votre accouchement (“tu vas voir, moi j’ai survécu à ça...”), que finalement on s’attend au pire ! Et puis, même un peu en avance, cela se passe parfaitement de A à Z.
C’était magique ! Les voir pour la première fois à l’extérieur de moi, respirer pour la première fois...

Après on me les a vite enlevés, direction la couveuse. Ça, c'était dur... Et le mois suivant en néonatalogie aussi fut dur dur... Mais aujourd'hui, ils ont 10 mois et sont toujours collés à nous ! » Pauline

« C'était un accouchement très rapide car césarienne programmée.
Il y a eu un cri, un bébé. Un deuxième cri, une famille.
Un sentiment indescriptible encore aujourd'hui... » Myrtille

LA VILAINE CÉSARIENNE

Il y a deux façons de rencontrer la vilaine césarienne : soit on vous la programme gentiment parce que vous n'avez pas le choix, soit on vous l'emballe dans un joli cadeau surprise au dernier moment !
Mais c'est un fait, quarante pour cent des grossesses multiples finissent en césarienne.

DANS QUELS CAS FAISONS-NOUS CONNAISSANCE AVEC MME CESARIENNE ?

De façon **programmée** :
- lorsque le premier bébé, celui le plus en bas, est mal positionné ;
- si l'une des têtes des bébés est trop grosse pour franchir le bassin de la maman ;
- si ne serait ce que l'un des fœtus a un retard de croissance intra-utérin, il sera alors considéré comme trop fragile pour subir un accouchement par voie basse avec les contractions qui vont avec ;
- si l'utérus a été trop fragilisé (par une césarienne antérieure, ou par un retrait de fibrome, par exemple).

De façon **urgente**, le jour de l'accouchement :
- si le cordon ombilical est mal placé ;
- si le ou les bébés ne supportent pas bien le travail (généralement détecté lors du monitoring) ;
- lorsque le bébé présente son front en premier ;
- lorsque le travail n'avance plus et que le col ne s'ouvre plus.

COMMENT SE PASSE UNE CESARIENNE PROGRAMMEE ?

Dans le cas d'une césarienne programmée, la future maman fait son entrée à la maternité la veille du grand jour.
Comme pour toute hospitalisation, une douche à la Betadine® est de rigueur.
Puis, quelques mesures médicales sont observées : prise de la tension, de la température puis monitoring.
Enfin et surtout, si vous n'avez pas anticipé le débroussaillage de votre pubis, on le fait pour vous ; je vous conseille de prendre les devants car ce ne sont généralement pas des esthéticiennes, hein !
Par ailleurs, il faudra oublier tout bijou, maquillage et vernis à ongles, qui sont interdits au bloc opératoire !
Le lendemain matin, vous serez réveillée de bonne heure (et de bonne humeur, hein) pour de nouvelles mesures médicales et une nouvelle douche à la Betadine®.
Puis, un brancardier vient vous chercher pour vous emmener au bloc opératoire.
Arrivée là-bas, vous ferez connaissance avec l'équipe d'accouchement : infirmières, sage-femme, anesthésiste, obstétricien... Bref, vous ne vous sentirez pas seule ! Loin de là...
Une fois installée sur la table, après avoir courbé le dos vers l'avant, l'anesthésiste posera une perfusion puis anesthésiera la partie inférieure de votre corps (de la pointe des pieds jusqu'au-dessous de la poitrine). Ce n'est en fait pas une péridurale, bien que cela y ressemble beaucoup, mais une rachianesthésie !
Sur l'instant, vous vous moquerez totalement de cette différence ; ce n'est que bien plus tard qu'elle prendra son importance...
L'anesthésie de votre corps sera effective en moins de cinq minutes et durera alors environ deux heures.

On vous pose une sonde urinaire (que vous garderez jusqu'au lendemain), et un champ opératoire (un petit rideau) est positionné à hauteur de votre poitrine...
L'obstétricien procède alors à l'incision, puis tout se passera très vite.
Les bébés sont sortis un à un, et emmenés chacun leur tour pour recevoir les premiers soins nécessaires.
Les attentions portées à ce moment-là, et notamment la présentation des bébés, ou la présence du papa, varient selon les circonstances et les maternités...
Après vous avoir finalement suturée, on vous emmène en salle de réveil, où l'on vous garde en observation durant deux bonnes heures, avant de remonter en famille dans votre chambre.
En moins de temps qu'il ne faut pour le réaliser, ça y est, vous êtes un parent à part entière de jumeaux ! Pouf ! C'est fait...

AVANTAGES ET INCONVENIENTS DE LA VILAINE

Indéniablement, sur le court terme, et en dehors des raisons médicales qui l'ont provoquée, la césarienne reste une bonne solution car :

- Le temps d'attente pour la délivrance est moins long, ce qui parfois, et notamment pour le papa, peut s'avérer bénéfique en termes de stress.
- Les bébés ne subissent pas le passage du col de la maman, et inversement, le bassin de la maman ne s'écarte pas.
- La cicatrice est aujourd'hui très basse ; une fois cicatrisée, elle est désormais cachée par les sous-vêtements.

Mais sur le long terme, la césarienne est vicieuse :

- Bizarrement, il est difficile de se faire à l'idée que l'on est maman de ces bébés-là ; le passage psychologique de la grossesse à l'état de maman se fait moins bien, aussi, même si raisonnablement on est conscient des choses, il persiste comme un manque indéfinissable !

- La nuit qui suit la césarienne est horriblement douloureuse lorsque l'utérus se rétracte.
- On récupère moins vite physiquement, car il y a une cicatrice qui gêne pour marcher, pour se baisser, pour porter...
- Enfin, je ne suis pas sûre que le fait que les bébés ne passent pas par le col soit sans conséquences médicales (au niveau de la respiration par exemple…).

LE SERVICE DE NÉONATALOGIE

Je ne vais pas m'étendre sur ce sujet bien délicat mais quand même...
Le service de néonatalogie est une réalité pour nombre de jeunes parents de jumeaux : « Oh nan, pas elle !! »...
Et si, il va falloir y passer quelques moments parce que nos bébés (ou l'un d'eux) sont arrivés trop tôt (ou à terme mais trop petits), et ne sont pas suffisamment résistants pour vivre en toute autonomie sous votre responsabilité...
Ne paniquez pas non plus, tout y est fait pour que cela se passe le mieux possible.
Il faudra juste, pendant quelque temps, se plier à des petits rituels d'hygiène en entrant dans le service, comme enfiler des blouses stériles bleues très sexy, se laver les mains, attacher ses cheveux, mais la récompense d'approcher les crevettes est à la clef !
Attention, seuls les parents sont habilités à y entrer pour éviter toute cohue et y garder le calme et la sérénité (et entendre les bip-bip des machines).
Il est vrai que ce n'est pas simple : voir son ou ses enfants dans un « bocal », démêler les fils qui sont reliés à une machine avant de pouvoir les porter, prendre une photo de naissance qui ne fasse pas peur, etc.
Mais j'ai un secret à vous révéler : ces enfants-là seront les plus costauds dans la vie, les plus résistants !
Alors accrochez vos cœurs, prenez votre mal en patience, bientôt, vous serez tous réunis au sein du foyer et vous passerez vite à autre chose.
Profitez-en pour vous remettre de la délivrance, pour vous requinquer, et vous pourrez ainsi les accueillir dans les meilleures conditions qui soient.

Chapitre 2

ANECDOTES ET SITUATIONS INSOLITES

A LA RENCONTRE DES R.A.L.C.

Vous ne connaissez pas encore les « remarques à la con » ?! J'ai du mal à le croire... Hum, voyons voir ! Soit vous venez d'être parent de jumeaux, donc vous n'avez pas encore expérimenté certaines réflexions en sortie ; soit vous venez d'une autre planète...

En effet, combien de fois devons-nous répondre à ce genre de remarques : « Ohhhh, deux petits bébés ! Ce sont des jumeaux ? » Ou bien : « Ce sont des vrais ou des faux ? » « Ils sont à vous ? » Ou encore : « Ça va ? Ce n'est pas trop dur ? »...

Comment dire ?!
« Oui, ce sont des jumeaux ! » « Non, je ne suis pas assistante maternelle. » « Oui, c'est beaucoup de travail. » « Non, je ne regrette pas. »…

Mais qu'est-ce que ça peut bien leur faire ?

Je vous assure !

Il suffit de faire une simple course, qui déjà en elle-même est toute une préparation : s'habiller, habiller les deux enfants, au besoin changer la couche pour ne pas avoir de mauvaise surprise au supermarché, les mettre dans la poussette double, les porter et les placer dans la voiture, les en sortir pour les remettre dans la poussette, chercher doudou numéro 2, replacer tétine numéro 1… Une fois tout cela terminé, une fois que vous êtes content d'enfin profiter du monde extérieur, vous pouvez faire un pari que dans les cinq minutes, une dame (c'est toujours les dames bizarrement) vous accostera pour vous poser l'une des R.A.L.C.

Exemples de réflexions à la con :
- « C'est des jumeaux ? » (Question d'approche).
« *Oui, ce sont des jumeaux.* »
- « *Ce sont des vrais ou des faux ?* » Celle-là est un classique qui suit généralement la première phrase !
- « Ce n'est pas trop dur ? » ; ou l'affirmative : « Ça doit être beaucoup de travail, je vous plains, ma pauvre. »
- « Rohhhlala, moi, je ne pourrais pas ! »
- « Faut un permis poids lourd avec cette poussette ! »
- « Ah, je sais ce que c'est (dit la dame), j'ai une amie d'une amie qui a des jumeaux… »
- « Mon Dieu, mais comment vous faites, déjà moi avec un je n'en pouvais plus… alors deux ! »
- « On ne dirait pas à votre tête que vous en avez deux, vous avez l'air en pleine forme. »
- « Et vous en voulez encore ? Mon Dieu… »
- « Moi, je n'y arriverais jamais. »

Mais la PIRE des remarques à la con, c'est :
- « Vous avez des jumeaux dans votre famille ou vous vous êtes fait aider ? »
- « Oh mon Dieu, des jumeaux ! Mais comment avez-vous fait ? »
- « C'est naturel ? »
- « Eh bien, vous avez du pain sur la planche ! »
- « Vous en avez deux pour le prix d'un. »
Pas vraiment, non...
- « Eh bien, vous ne devez pas beaucoup dormir. »
- « Quel courage vous avez. »

J'ai envie de dire qu'on les aime, c'est tout. Le reste vient naturellement.

Vraiment des fois, je vous jure !

Quant aux gens méchants devant les petits jumeaux, c'est juste inhumain...
- « Les jumeaux, c'est beau chez les autres… »
- « Les jumeaux, c'est horrible, comment peut-on faire ça ? »
- « Oulaah, vous allez vous arrêter là quand même ?! »
Pour preuve, voici le témoignage d'une maman de jumeaux mixtes.
Dans la salle d'attente du docteur, une mamie dit, horrifiée : « Oh mon Dieu, quelle horreur, des jumeaux ! Non mais ce n'est pas permis de faire des jumeaux, je ne vois pas comment c'est possible de faire deux bébés, je ne vois pas comment vous pouvez aimer deux bébés en même temps, c'est inhumain de faire ça. »
On aurait tellement de choses à leur apprendre, à certains !
Dans le cas des dizygotes :
- « Etes-vous sûr que ce sont des jumeaux ? Ils ne se ressemblent pas pourtant. »
- « Ah, c'est un garçon et une fille, donc, ce ne sont pas des vrais ! »
Merci mais maintenant, Madame, il faut que je rattrape le coup auprès d'eux pour leur expliquer que si, ils sont vraiment jumeaux, que la génétique ne fait pas la fratrie, que rien ne remplace leur complicité.
Ou bien, dans le cas des monozygotes :
- « Ils se ressemblent tellement ? Vous n'avez pas trop de mal à les reconnaître ? »
- « On dirait des clones ! »

Heureusement, ces choses-là s'atténuent avec le temps.

Soit parce que les petits marchent et que donc nous n'avons plus de poussette tape-à-l'œil, soit parce que les faux jumeaux en grandissant ne se ressemblent plus trop (moins qu'étant bébés), et que le doute que ce soit des enfants d'âge rapproché arrive.

Pour ceux qui subissent encore ces remarques malgré le temps, en général, on finit par passer au-dessus de tout ça, on devient philosophe !
Les jumeaux, c'est curieux ! C'est singulier ! Ça attire...
Il faut nourrir la curiosité des gens de notre temps, et il semble que notre vie soit attrayante… Pourquoi regarder les émissions de téléréalité, pardi, il suffit de venir nous rencontrer au supermarché !
Il devient également difficile de savoir comment réagir face aux R.A.L.C.
Voici le type de réponses que nous, parents de jumeaux, aimerions leur répondre du tac au tac :
- « Oui, c'est des vrais bébés jumeaux, ils ne sont pas en plastique ! »
- « Euh non, ce n'est pas le même père (d'un ton ironique). »
Ou tout simplement :
- « Ça ne vous regarde pas, vieille mégère ! »

Arf ! Nous sommes aussi des gens civilisés et polis…

Ils ne les entendront jamais, celles-là !

Sauf peut-être après une NDM.

LA FATIGUE OU L'ÉMERGENCE DES NDM

La « nuit de merde » est un terme qui peut paraître vulgaire, et pourtant, beaucoup d'entre nous la reconnaissent dès que nous en parlons…
Mais c'est bien sûr !
Quand bébé 1 a faim toutes les quatre heures et qu'il faut gérer aussi bébé 2, ça donne un résumé (mais alors la méga synthèse) de ce que sont nos nuits de jeunes parents de jumeaux.
Ajoutez à cela une pincée de poussée dentaire, une pincée de couche à changer, une petite tétine perdue par-ci, un gros câlin par-là, cela fait une heure chacun… Si l'on additionne et qu'on calcule bien, il ne reste plus grand-chose jusqu'au prochain cycle !

Il existe aussi le schéma des jumeaux qui se partagent les tâches : celui qui a du mal à s'endormir, et qui finit par s'écrouler d'épuisement vers minuit, et l'autre qui se réveille la nuit. Arrrrrg ! Lais-sez nous dor-miiir !

« Nos nuits ne sont plus agitées mais elles l'ont été pendant neuf mois !!! Douze réveils par nuit, je n'en pouvais plus !!! Et ils se réveillaient l'un l'autre alors qu'ils n'étaient pas dans la même chambre !! » Marine

Alors, quand nous entendons un parent de singleton se plaindre de sa nuit, pardonnez-nous de rigoler en coin.

QUAND LES PARENTS DE SINGLETON SE PLAIGNENT...

Devenir parent n'est pas une mince chose à faire.
Il est vrai que durant le premier trimestre, généralement, on dort quasiment trois fois moins qu'avant.

Les jeunes parents dits « normaux », qui sont de retour à la maison avec leur jeune petite progéniture, sont souvent dépassés par ce qui leur arrive. Je ne dis pas là que les parents de jumeaux font mieux, ils sont tout aussi fatigués, voire plus.

Mais bizarrement, ce n'est pas eux qui se plaignent le plus !

S'il est une chose qui nous agace, nous les parents de jumeaux, c'est d'entendre un parent de singleton se plaindre lamentablement sur son sort de jeune parent fatigué. Grrrr…

Que je sache, lorsque l'un est fatigué, l'autre prend le relais, non ? Ce qui permet au premier de se reposer, et ainsi de suite.

Lorsque nous avons deux enfants du même âge à gérer, et donc avec des besoins sensiblement similaires, l'un s'occupe de jumeau 1 pendant que l'autre s'occupe de jumeau 2. Il n'y a pas vraiment de pause. Il faut pour ça attendre le moment magique où les deux bébés dorment. Lequel est très rare...

Par ailleurs, je ne sais pas pourquoi, le parent de singleton qui a plusieurs enfants se permet toujours de comparer sa peine d'en gérer plusieurs avec le fait de gérer des jumeaux.
« Donner le repas à deux jumeaux, ce n'est pas pire que moi avec mes deux petits diables. »
« Passer de un à trois enfants, c'est pareil que de passer de un à deux enfants. »

Si vous pensez vraiment que c'est du pareil au même d'avoir des jumeaux et d'avoir plusieurs non-jumeaux, lisez ce livre et réfléchissez ; vous changerez vite d'avis !

LES CONSEILS BIEN INTENTIONNÉS MAIS NON APPLICABLES

Les mamans de singleton te donnent des conseils que tu voudrais bien pouvoir appliquer mais que tu ne peux pas.

« **Il faut laisser bébé pleurer…** » Mais quand l'autre dort à côté dans la même chambre, ou dans la chambre voisine, et que tu as déjà galéré pour l'endormir, tu fais comment ?! Tu attends ?

« **Pourquoi tu ne les sors pas plus souvent ?** » Disons que deux cosys avec deux bébés, additionnés à une énorme poussette et un sac à langer de deux tonnes, il faut avouer qu'il y a des jours comme ça où tu préfères rester chez toi.

« ***Tu devrais te reposer***. » Ah oui ? Je suis d'accord avec la théorie, moi. Mais en pratique, quand le ras-le-bol s'installe (il arrive rapidement la première année) et que tu as la chance d'avoir les deux bébés qui dorment, tu en profites pour t'aérer les neurones et faire autre chose de ta journée, communiquer avec le monde ou toute autre tâche que tu n'as pas le temps de faire avec deux bébés à gérer. Rien de plus dépressif que de se coucher, pour se réveiller avec le même labeur qui t'attend. Enfin, moi je dis ça, je ne dis rien.

« ***Faut faire le bain à cette heure-ci…*** » Disons que tu t'arranges pour le faire quand l'autre dort, de préférence, parce que donner un bain à un bébé, le soigner, le bichonner pendant que l'autre pleure parce qu'il a faim ou *qu'il ne te voit pas, c'est un peu embêtant.*
Dédicace à une directrice de crèche qui se reconnaîtra peut-être : « Vous vous êtes trop occupée de vos filles, il faut les laisser pleurer sinon c'est ingérable ici car elles ne connaissent pas la frustration... »
Ben voyons, c'est tellement bien, les concerts de pleurs à longueur de journée !

« **Ne leur mets pas trop la télé…** » Bien sûr, nous approuvions tous cette maxime éducative, mais ça, c'était Aaavant !

C'est souvent après avoir gardé nos jumeaux, ou passé un petit moment avec nous, que tous ces conseils s'arrêtent…
Effectivement, les gens ne nous disent plus : « Au revoir, et surtout repose-toi bien », mais : « Au revoir, et courage surtout ! »

COURAGE !

BIPOLAIRES NOUS DEVENONS !

Effectivement, c'est déroutant !

Un jour nous les aimons, nos rejetons, mais alors très fort.
On montre leur photo, on est fier de leurs parcours, de leur singularité, de leur complicité.

Le jour suivant, c'est l'enfer et nous les détestons ! Purement et simplement.
Pourquoi moi, pourquoi il a fallu que nous en ayons eu deux à la fois, pourquoi personne ne me comprend...

La vie de parent de jumeaux est un concept qui croque sous la dent quand on n'y est pas, c'est attirant, il faut bien le dire, mais quand on y est, des fois, c'est juste... mi- bien, mi- pas bien !

Comme le dit une maman :
« Un jour tu expliques que tu n'en peux plus et que des jumeaux c'est trop de fatigue et de boulot, et le lendemain, tu expliques à la même personne que c'est génial et que tu trouves ça extraordinaire. »

Allez comprendre...

PARENTS DE JUMEAUX ; UNE VDM ?

Une Vie de Multiples, bien sûr...

TEMOIGNAGES VDM

Aujourd'hui, parents de jumeaux au bord de l'épuisement, nous tentons un tour en voiture pour endormir les bébés. On a eu tellement peur qu'ils ne se réveillent ensuite que nous avons tous dormi dans la voiture. VDM

Aujourd'hui, je rentre de la maternité avec mes jumeaux. Généreuse, mon aînée de trois ans propose d'en donner un à ma tante sans enfant, « comme on l'a en double ». VDM

Aujourd'hui, j'ai assisté à la naissance de mes jumeaux. Le premier est né à 23 h 52 et le second à 0 h 07. J'ai passé vingt minutes à essayer de convaincre le médecin de modifier les heures de naissance. Sans succès. Pour mes jumeaux qui n'ont pas la même date de naissance. VDM

Aujourd'hui, je reprends le boulot après la naissance de mes jumeaux. Je pensais que cela me changerait de la maison, des cris, des changements de couches, des repas. Je travaille en maison de retraite et, finalement, c'est la même routine, en beaucoup moins mignon. VDM

Aujourd'hui, après avoir observé pensivement mes jumeaux très turbulents, qui réclamaient des bonbons à la caisse du supermarché, le jeune homme derrière nous a soudain demandé à sa copine : « Au fait, tu as pris des capotes ? » VDM

RECITS ET ANECDOTES DE PARENTS DE JUMEAUX

Anecdote de Jennifer

Je vais raconter une farce que j'ai faite à mon mari. Il était encore au travail, et j'ai décidé « d'échanger » mes filles ! Alors j'ai échangé les tétines, la place dans les chaises hautes, etc. Il rentre et n'y voit que du feu ! Puis, le plus drôle, c'est qu'il y avait Lilwenn qui avait les deux dents du bas bien sorties, mais Maelynn qu'une seule de bien sortie... L'autre dent commençait à pointer le bout de son nez... Donc il parle à « Maelynn » et lui dit : « Oh, c'est bien ma chérie, ta dent a bien poussé depuis hier !! » Evidemment, puisqu'en réalité, c'était Lilwenn...!!

Et voilà, même mes filles trompent leur papa, hihihi ! Et ça a bien duré pendant quarante-cinq minutes, jusqu'à explosion de rire.

Anecdote de Jessica

Je vais à la pizzeria du village où je viens d'emménager, donc personne ne nous connaissait encore ! J'y vais avec Owen pour commander et je retourne avec Alix chercher les pizzas ! Chacun son tour, pas de jaloux ! Alix était habillé en jogging rouge et Owen en bleu, et la personne du restaurant me dit : « Mais il n'était pas en bleu tout à l'heure ? - Euh… si, mais ce n'était pas le même bébé ! » Gros blanc et après dix secondes de réflexion : « Ah, c'est des jumeaux, d'accord !!! ».

Anecdote de Johenne

Une fois, avec mon mari et son meilleur ami, nous allons à IKEA. Je tenais la poussette et les garçons se trouvaient de chaque côté de moi. Nous étions en train d'attendre à la cafétéria pour grignoter lorsqu'une dame est arrivée devant nous et me dit : « C'est des jumelles ? » (Sans bonjour, ni rien). Je lui réponds que oui, et là, en haussant les épaules, elle me répond sèchement : « Bah pourquoi elles ne se ressemblent pas si elles sont jumelles ? » (Une brune et une blonde et vraiment deux visages distincts). Et là, sans hésitation, je lui réponds : « Parce qu'elles ont deux pères différents, regardez », et je montre mon mari et son ami. Elle est restée bouche bée et est partie directement, mais nous, on a bien rigolé !

Anecdote de Jennyfer

Mes fils adorent se bagarrer la journée mais le soir, avant le dodo, ils rigolent entre eux sans aucune raison particulière et se font des bisous.
Ils sont intrigués par le nombril donc dès qu'ils sont torse nu, ils essayent de se l'enlever mutuellement et ça donne une séance chatouille !

Anecdote de Pauline

Un couple de personnes âgées s'est approché de mon tank et moi, un jour à la parfumerie, et la dame me dit : « Oohhhh, deux garçons jumeaux, c'est dommage, vous auriez pu avoir un garçon et une fille... » Alors je lui ai répondu : « Et si moi je souhaitais n'avoir QUE des garçons, mon rêve serait réalisé ! Et il se trouve que c'est le cas... » Les vendeuses et les autres clients m'ont tous regardée, j'étais fière de ma réplique et la dame a piqué un fard et est allée se parfumer ailleurs !

Anecdote de Céline, césarienne

Au bloc opératoire, l'anesthésiste me met un drap bleu en me disant : « Désolé, on n'a pas d'autre film, ce soir c'est le grand bleu. »

Anecdote de Nathalie

A la boulangerie, l'un laissait échapper une odeur suspecte... Une dame se penche et dit : « Ils ont fait popo... » Je lui dis : « Oui, c'est ce coquin d'Antoine. » Et là, stupéfaite, elle me lance : « Ils ne font pas caca en même temps ? »... Bah non, ils sont jumeaux, pas siamois de colon !!!!

Anecdote de Cécile

J'ai changé deux fois de suite la couche de Louisa, et pas du tout celle de Mathis, et pourtant, ce n'est pas le même gabarit... Fatigue, quand tu nous tiens !

Anecdote de Mélanie

La réaction de notre entourage lorsque nous avons annoncé que deux bébés viendraient agrandir notre famille !
Et oui, je me souviens encore avoir présenté l'échographie à ma mère, puis vu son visage se figer ! Un moment de pause, puis elle me dit : « Mais il y en a deux ?!? » Suivis de très près par un « QUOI ?!? » de mon père. Gros fou rire pour ma part, et avouons-le, il n'y a pas de façon délicate d'annoncer une grossesse multiple ;)

Anecdote de Virginie

Une chose amusante pour nous, et très touchante, le troisième mot de mon fils après papa et maman a été « Mayéli » pour appeler sa sœur qui s'appelle Maëlys. C'est là que j'ai compris le lien indéfinissable qui les lie à jamais.

Anecdote de Anne

Une dame me dit : « C'est des jumeaux ? » - « Oui. » - « Des faux alors ! » - « Heu, oui. » - « Alors c'est des Visigoths !! » - « (Rire étouffé) c'est ça ! » (Avec l'envie de répondre : « Non, les miens ce sont des Ostrogoths !! »).

LES MOMENTS DE GRÂCE SONT LÀ AUSSI !

Ne sombrons pas dans la déprime ! Non, non, non…
Lequel d'entre nous échangerait sa place ?
Personne.
Mais pourquoi donc ?
Par quel mystère impénétrable trouvons-nous une certaine satisfaction à notre situation de parents de jumeaux ?
Devinez donc...
Pour ces moments câlins le matin, où quatre bras nous entourent de tout leur amour !
Pour ceux où nos jumeaux envahissent notre lit d'amour et de câlins. C'est deux fois plus de bonheur, non ?
Pour ces deux regards complices.
Pour ces rires synchronisés qui nous font craquer.
Pour tous ces moments où ils ont un compagnon de jeu et où nous pouvons nous affairer à autre chose.
Pour le plaisir de rester *Rebel*, d'être différent de la norme. D'avoir une famille singulière !
Parce que, désormais, nous ne sommes plus des anonymes parmi les anonymes, mais bel et bien les « parents de jumeaux » que l'on accoste, que l'on aime bien.
Arrêtons de nous plaindre, nous sommes fatigués mais nous sommes heureux !

Chapitre 3

LES AVANTAGES A AVOIR DES JUMEAUX

LE « COUP DOUBLE »

Lorsque l'on a deux enfants en même temps, beaucoup voient les désavantages, mais soyons honnête, il y a du bon d'en faire deux d'un coup ! De faire un « coup double ».
Tout d'abord, pour ceux qui souhaitent une famille nombreuse, où qui sont en retard sur la conception, il n'est du coup pas obligé d'avoir deux grossesses pour avoir deux enfants ; hop, c'est **une fois déformée pour deux bébés** !
Par ailleurs, passé trois ans, **on sort des couches en même temps** !
On fait une seule rentrée **au même endroit**.
On a les **mêmes devoirs** (s'ils sont dans la même classe).
S'ils font la **même activité,** du coup, c'est même heure même endroit.
S'ils partent en **colonie, c'est ensemble** (même âge, même endroit).

LES JUMEAUX ATTIRENT LA SYMPATHIE

Les sorties avec les jumeaux ne sont pas QUE désagréables... On ne rencontre pas QUE des R.A.L.C.

Les gens s'arrêtent et les trouvent mignons.

« Oh, qu'ils sont mignons. »
« C'est mon rêve d'avoir des jumeaux, les vôtres sont superbes ! »

Avoir des jumeaux attire la sympathie et la compassion des gens ! Vous serez les stars de vos sorties…
Il faut bien avouer qu'on s'y habitue. A tel point que lorsque l'on effectue une sortie sans nos grumeaux, on redevient une personne *lambda*, une personne que l'on ne regarde pas, que l'on n'accoste pas.

C'est plus sympathique finalement de se balader avec les enfants !

LES CONGÉS SONT PLUS LONGS

Et oui, il faut savoir que **le congé de maternité est plus long**. Il est de six mois environ, à caler avant et après la naissance de vos bambins.
Le papa, lui, dispose de trois jours pour accompagner sa femme à l'hôpital, et de 18 jours de congé paternité.
Le congé parental est également plus long, et il est possible de le poser directement puisque vous en avez eu deux d'un coup !
Les choses peuvent changer au niveau politique, mais il me semble que la logique de la multiplication doit rester.

UN CARACTÈRE D'ENFER

Il est une chose à laquelle on ne pense pas souvent, mais il est vrai que **les jumeaux seront, de fait, des personnes plus tolérantes et plus patientes**.

En effet, c'est un rapport de partage que vivent les jumeaux dès la naissance, ils savent *de visu* que vous ne pouvez pas les prendre dans les bras lorsque vous portez ou lorsque vous changez l'autre jumeau.

Ne vous inquiétez pas pour ce genre de choses, ceux-ci patientent tout simplement et attendent leur tour.

UN COMPLICE DE JEU

Les jumeaux joueront ensemble.
C'est génial ! **Ils ne s'ennuieront jamais**...

Pensez à l'enfant singleton qui joue tout seul avec ses jouets trop nombreux. Lui, il doit attendre d'avoir un petit frère ou une petite sœur pour avoir un compagnon de jeu.

Pour eux, du coup, c'est même âge, mêmes centres d'intérêts, mêmes bêtises, mêmes jouets. Cela simplifie grandement !

Ils s'ennuient moins et vous laissent même parfois un peu de répit car ils s'amusent ensemble, un avantage de taille pour la liste au Père Noël !

L’ÉMULATION GÉMELLAIRE

Les jumeaux évoluent rapidement.
Ils s’entraînent l'un l'autre, se tirent vers le haut.

Par exemple, quand Cacahuète fait du quatre pattes, Poussin va suivre dans les trois jours. Quand Poussin se met debout, Cacahuète l’imitera deux jours après !

C’est souvent que l’on entend l’inquiétude et l’incompréhension des parents de singleton à ce sujet ; non, ils ne se chamaillent pas en permanence, il n’y a pas véritablement de compétition. Il s’agit plutôt d’une émulation positive...

C’est un peu un sentiment dans ce sens : « Si tu y arrives, je peux forcément y arriver, même en mieux, tiens ! »

LA COMPLICITÉ

Il est adorable de les voir jouer ensemble.

Nos jumeaux sont complices, se cherchent du regard, rigolent ensemble (sans même que vous sachiez pourquoi !), se tiennent la main, « parlent » ensemble.

Les jumeaux sont partenaires et complices pour la vie.

LE PAPA A UNE PLACE CAPITALE DÈS LES PREMIERS INSTANTS

Le rôle du papa est primordial : c'est une grande aventure dont on sort grandi et épanoui lorsque le couple s'est investi de la même façon.

Il est évident qu'avec deux bébés, il vaut mieux disposer de quatre bras plutôt que de deux ! Le calcul est vite fait : un, deux, un, deux ! Voyons...
Ainsi, le papa est complètement intégré dans ce nouveau noyau familial dès la naissance. Il y a un rapport de proximité qui se crée très vite entre lui et les enfants ! Ce n'est pas comme les parents de singleton où le papa est un peu rejeté les premiers temps, lorsque la maman s'occupe exclusivement de sa progéniture...

BONUS JUMEAUX = DEUX FOIS PLUS D'AMOUR !

Eh bien oui, n'oublions pas que c'est quand même exceptionnel d'avoir des jumeaux et que c'est deux fois plus d'amour, de tendresse, de bisous et de câlins !

Chapitre 4

NOS GALERES DE PARENTS DE JUMEAUX

RÉPONDRE AUX QUESTIONS INDISCRÈTES ET RÉPÉTITIVES DE GENS QUE TU NE CONNAIS PAS

Parfois, c'est sympa, parfois, ça l'est moins… Je ne connais pas un seul parent de jumeaux qui ne se soit jamais fait accoster dans la rue ou autre pour répondre à des questions bizarres ou supporter les réflexions parfois désagréables des gens.
Les jumeaux suscitent la curiosité, l'émerveillement et parfois la peur, il faut savoir y faire face. Si vous le prenez avec philosophie, ça ne vous atteindra pas plus quc ça. Si vous le prenez au premier degré, ou que vous êtes fatigué, ça sera moins agréable.

Je crois qu'à force, l'on devient philosophe. On s'interroge sur cette étrange façon répétitive qu'ont les gens de nous souhaiter du courage, de compatir à notre situation singulière. Au début, c'est étonnant, surprenant, voire agréable. On ne passe pas inaperçu.

Puis, au fil du temps, quand la fatigue s'installe, c'est là que ça devient agaçant. Certains ne sortent plus de chez eux pour cette seule raison. Pourquoi ça nous arrive à nous…
C'est quand la première année s'achève (voire plus tôt pour certains), quand il n'y a plus d'interactions avec eux ou entre eux, que la routine s'installe, que l'on finit par relativiser : « Ces gens me souhaitent vraiment du courage, car ils pensent réellement que c'est difficile. »
Après tout, c'est de la sympathie...
Mais, cela veut dire aussi qu'ils ne se souhaitent pas à eux-mêmes d'avoir deux bébés d'un coup ; ils sont compatissants. Les gens sont même parfois surpris et interloqués de ne pas vous voir plus fatigué(e) que ça ! Ils s'imaginent vraiment une montagne de choses, ça me fait sourire maintenant.

LE PERMIS POUSSETTE DOUBLE

Ce permis est un sésame que nous obtenons très vite si l'on considère les dimensions de notre poussette double et le parcours de combattant qui va avec.

Question 1 : Votre poussette double, vos enfants et vous, passez sur un trottoir suffisamment large (que tu avais repéré au préalable), et un camion vide est garé en travers, vous empêchant de passer. Que faites-vous ?
Réponse **A** : Vous bravez les risques d'accident et empruntez la voie routière pour passer (et crevez les pneus du camion au passage).
Réponse **B** : Vous vous arrêtez net, et attendez que le conducteur remonte dans son véhicule (et obtenez des points de patience à votre permis).
Réponse **C** : Vous crevez les pneus du camion et attendez que le conducteur du camion remonte dans son véhicule...

Question 2 : Votre poussette double, vos enfants et vous, vous vous présentez à la caisse de votre supermarché. Oh naôoon, la poussette ne passe pas entre les bornes antivol. Que faites-vous ?
Réponse **A** : Vous réglez poliment vos achats, et faites un détour pour sortir à contresens par l'entrée (en pointant du doigt votre poussette lorsque le vigile vous interpelle).
Réponse **B** : Vous sortez docilement les petits un à un, pliez la poussette, passez, dépliez, replacez les petits, réglez vos achats (et jurez que vous ne reviendrez plus).
Réponse **C** : Vous passez tel un tank de démolissage entre les bornes, coûte que coûte...

Question 3 : Toujours au supermarché (oui, c'est là-bas que l'on rencontre les plus belles anecdotes), votre papamobile (digne d'une limousine) et vous souhaitez vous garer à la place « Famille nombreuse »... Ce qui vous permettrait de sortir vos enfants de chaque côté sans encombre ! Mais naôooon, ce n'est pas possible, car une voiture sans permis, de petite taille, sans aucun signe intérieur de chérubins, y est garée. Que faites-vous ?
Réponse **A** : Vous soupirez deux fois (vous faites tout par deux) et partez chercher une autre place.
Réponse **B** : Vous mettez votre clignotant, et attendez que le conducteur arrive pour vous garer (vous gagnez encore un giga point de patience pour votre permis).
Réponse **C** : Vous vous garez devant le véhicule, le coinçant ainsi, et prenez votre temps pour faire les courses...

Question 4 : Votre poussette double, vos enfants et vous, vous vous présentez à la porte d'une boutique. La porte est fermée et devant se présentent quatre marches pour entrer. Que faites-vous ?
Réponse **A** : Vous passez votre chemin en espérant trouver une autre boutique plus adaptée plus loin (et compatissez sincèrement pour les handicapés en chaise roulante qui sont dans la même situation que vous).
Réponse **B** : Vous frappez à la porte pour appeler le vendeur et attendez que celui-ci vous aide (éventuellement) à porter la poussette pour entrer (vous aviserez plus tard pour sortir).
Réponse **C** : Vous criez et insultez le vendeur de la boutique chaque jour en passant devant...

Résultats:

- **Un maximum de réponses A :** Vous obtenez le permis poussette double avec la moyenne. Vous êtes de la même trempe que nombre d'entre nous. Vous appartenez à une famille nombreuse. Vous finissez par aller vous plaindre sur les réseaux sociaux...

- **Un maximum de réponses B :** Vous obtenez le permis poussette double avec la mention très bien. Vous obtenez des points bonus pour votre exceptionnelle patience. Vous méritez une palme d'excellence ! Vous finissez par vous plaindre sur les réseaux sociaux...

- **Un maximum de réponses C :** Vous obtenez le permis poussette double, mais ce n'est plus très important car vous n'êtes plus de ce monde... Cela arrange bien du monde car vous n'irez pas vous plaindre sur les réseaux sociaux...

COMMENT HABILLER SES DEUX ENFANTS ?

Se présente également une situation de taille lorsque l'on a des jumeaux : l'habillement.
Faut-il les habiller de la même façon ? Encore faut-il trouver deux fois le bon vêtement et à la bonne taille dans les rayons du magasin.
Faut-il ne pas les habiller pareil mais en harmonie l'un avec l'autre ? Si l'une porte une robe, l'autre aussi…
Faut-il que ce soit des habits différents mais de la même couleur ? Si oui, laquelle ?
Ou encore, faut-il les habiller complètement différemment, à la « vas-y que je te trouve en premier » ?…

Parce qu'il faut bien se dire que si le bébé n'est pas soit en rose, soit en bleu, on vous demandera les sexes dans la rue. On peut parier là-dessus ! Il est vrai que ça n'exclut pas qu'on vous demande si les deux bébés roses sont des filles, mais ça limite un peu la casse quand même !

Pour beaucoup d'entre nous, parents de jumeaux, l'habillement est le moyen le plus évident que nous avons de les différencier.
Ce ne sont pas deux clones. Chacun a son identité propre, sa personnalité. Il ne faut pas tout englober non plus, et donc les habiller différemment.

A certaines occasions, lors de fêtes ou de repas de famille, certains les habilleront de façon identique. C'est tellement mignon ! Et c'est aussi parfois la volonté propre des jumeaux eux-mêmes...

En effet, la problématique passe avec le temps car, plus tard, ce sont les jumeaux eux-mêmes qui choisiront leurs vêtements ! Ouf...

FAIRE LES COURSES

Notre Caddie n'est jamais assez grand… De toute façon, quand nous avons rempli celui-ci, il y a juste le nécessaire infantile pour une semaine, le reste doit se caser ailleurs (un deuxième Caddie ?).

Et oui, tout est par deux ! Donc, les quatre pots de compote vendus attachés ne nous feront que deux jours.

Par contre, il faut surveiller les allées avant de se servir, car nous risquons là encore de nous voir demander si nous travaillons à la crèche avec tout ce que nous prenons. Et parfois même de nous faire incendier parce que nous avons pris les deux derniers paquets de couches ! « Et oui, Madame, un paquet de 25 couches, c'est à peine trois jours le premier mois. » Vite, nous nous abonnerons à des sites spécialisés de puériculture, et choisirons les MEGA Packs, voire les Ultra Giga Méga Pack… Ne rêvez pas, ceux-là n'existent pas encore !

Quant au lait, si nous ne l'achetons pas à la pharmacie, un pot fait cinq jours à tout casser (suivant l'appétit de nos nouveau-nés) !

Il faut s'armer de patience à la caisse, sourire aux réflexions de la caissière, et glisser la poussette double entre les bornes antivol. Pour peu que le vigile de sécurité nous arrête pour contrôler que nous n'avons rien caché dedans.

Et pour finir, à Tétris nous devrons jouer pour caser nos courses entre les roues de la poussette double soigneusement rangée dans le coffre de notre toute nouvelle voiture monospace.

Tout ça est une compilation de tout ce qui peut nous arriver. Si tous ces exemples vous arrivent d'un seul coup, un conseil, jouez au loto !

ETRE SÉPARÉE D'UN DE SES ENFANTS À LA MATERNITÉ

On nous dira certainement qu'il n'est pas forcément nécessaire de se faire suivre dans les plus grands hôpitaux, surtout quand notre grossesse se passe bien, que tout va pour le mieux… Nous choisirons alors la proximité, par souci pratique…

Mais, ça ne se passe pas toujours comme on le souhaite. L'accouchement par voie basse n'est pas forcément maîtrisé par tous les accoucheurs. C'est souvent l'occasion pour eux d'expérimenter une nouvelle technique ! D'étoffer leur réputation dans l'équipe médicale…
Aussi, si ne serait-ce que l'un des bébés connaît une souffrance quelconque, il faudra, si nous sommes dans un petit hôpital ou une clinique (de niveau I), le transférer vers un plus grand (niveaux II et III) qui possède un service de néonatalogie. Nous serons alors privés de cette harmonie familiale tant désirée à la naissance.

Pour ma part, ce ne fut pas le cas, car lorsque j'ai su par une femme gynécologue que je risquais d'être séparée de l'un d'entre eux, j'ai tout de suite demandé mon transfert vers un hôpital équipé…
Ce malheur ne m'est donc pas arrivé, fort heureusement.

Mais pour certaines, c'est le cas...

L'ÉCOLE

L'aspect scolaire de la vie d'un parent de jumeaux ne me concerne pas encore, mais j'angoisse d'avance à l'idée que l'on me retire un certain libre arbitre concernant la séparation de mes jumeaux.

Heureusement, je l'ai découvert au travers de témoignages de parents de jumeaux, certaines écoles maternelles, quand arrive la scolarisation à trois ans de nos jumeaux, se concertent avec les parents. Ceux-ci font alors un choix de séparation, si la séparation est possible, ou pas.

Mais ce qui m'inquiète, ce sont les écoles qui n'estiment pas nécessaire de consulter les parents de jumeaux...

En effet, l'idée reçue de la société scolaire est qu'une séparation est saine et plus constructive pour chaque individu. Je ne rejette pas le principe... Mais parfois, trois ans, c'est trop tôt.

Alors que les enfants découvrent le système scolaire, que les émotions sont au maximum, il est dangereux de casser ce cocon gémellaire si tôt.

Mais ce qui me choque, c'est que les parents des jumeaux n'ont pas le dessus sur cette décision. Certaines directrices de maternelles se croient tout permis, et pensent mieux connaître la gémellité que les parents. Une séparation à trois ans est alors d'office envisagée.

Un débat sur la question est ouvert...

NOS JUMEAUX MONOZYGOTES ET LE JEU DES 7 ERREURS

Lorsque l'on est parent de « vrais » jumeaux, les gens trouvent un malin plaisir à comparer nos jumeaux !
Je pense alors au jeu des « sept erreurs », car c'est finalement le réflexe qu'adoptent les gens. Qu'est-ce qui va permettre de les différencier pour s'y retrouver ?
Alors on les scrute, on les détaille, on les palpe comme des bêtes de foire ! Il y a des gens que l'on ne connaît pas, en sortie, qui vont se permettre de les toucher dans leur poussette alors que ceux-ci dorment, par exemple. Je me demande alors, où va le respect ?
Parce que nos jumeaux ont des traits similaires, que cela perturbe les gens, ont-ils pour autant tous les droits ?

NOS JUMEAUX DIZYGOTES ET LE TERME « FAUX » !

Lorsque l'on est parent de jumeaux dizygotes, on se retrouve confronté au terme de « faux » jumeaux.
Personnellement, je n'aime pas l'employer !
Qu'est-ce que cela veut vraiment dire ? Que l'on ne peut parler de jumeaux que si ce sont des « vrais », et que s'ils ne se ressemblent pas, ce sont des « faux » ? Absurde !
Et comment expliquer aux jumeaux eux-mêmes que ce n'est pas négatif !? Qu'ils sont bel et bien jumeaux, et que ce terme ne renvoie qu'à une certaine perception limitée de la gémellité... hum, hum... mes enfants vont finir par être philosophes aussi...
Mais alors, existe-t-il un autre terme que le mot barbare et médical de « dizygote » ?
Tout cela est bien compliqué à gérer.

NOTRE VIE DE COUPLE

Devenir un parent de jumeaux est un véritable chamboulement, un parcours du combattant, une remise en question de soi.

Mais alors, que devient notre couple si fort et si inébranlable ?
Il faut d'abord surmonter ensemble les idées reçues, être soudés face à l'intérêt ou le dégoût de la gémellité.

Ensuite, il faut poser des principes d'éducation qui ne sont pas forcément évidents. On risque de ne pas être d'accord sur la façon de les élever, de les individualiser ou pas, de les séparer de chambre ou pas, de les mettre dans la même classe ou pas, de les éveiller aux mêmes choses, etc.

Enfin, et surtout, il faut surmonter et gérer sa fatigue. Continuer à penser à l'autre, lui montrer son affection aux moments les plus importants.

Tout ceci contribue à fortifier son couple...

Certains n'y arrivent pas, et c'est la cassure !

Elle peut être nette ou pernicieuse. S'installer au fur et à mesure du quotidien et vous conduire vers des attitudes de « collègues de vie ». Si ce terme vous parle, attention, il y a danger !

LE RÔLE DÉLICAT DU PAPA

Il n'y a pas de demi-mesure pour les papas.

Devant l'ampleur des tâches à accomplir, entre les soins des enfants, le travail et les tâches ménagères, il est vite sollicité !

Certains vont démissionner parce qu'ils se sentent dépassés ! D'autres vont se sentir pousser des ailes de super-héros et vont assumer...

Mais il faut bien avouer qu'être un papa de jumeaux, ce n'est pas simple ! Tellement sollicité, si peu récompensé.

Nous sommes, à l'heure où je vous écris, à un tournant de l'histoire ; nous nous interrogeons actuellement sur le partage du congé parental, essayant le mieux possible de nous rapprocher d'une certaine égalité. Mais, je m'interroge sur le fondement des moyens employés pour arriver à cette fin ! Surtout dans le cas si particulier des jumeaux...

Une réflexion de fond est encore en cours.

TEMOIGNAGE D'UN PAPA DE JUMEAUX :

« Je change les couches, prépare et donne les biberons, fait des câlins, me lève la nuit, les habille et les lave, les prends

en écharpe, etc. ... Mais, outre que j'ai dû reprendre le travail, j'ai déjà connu plusieurs échecs et crises de larmes.

Par mon absence, les automatismes, les habitudes, et les interactions que la maman entretient avec nos enfants dans les premiers mois de leurs vies, vont se renforcer, et moi je serai pris par mon boulot plus de quarante heures par semaine...

En d'autres termes, nos jumeaux seront d'abord socialisés avec et par leur mère, tandis que leur père ne sera présent que par intermittence ; quand on sait l'importance des premiers mois d'une vie humaine dans les apprentissages. (...)

Bref, je me dis que, malgré toute notre bonne volonté (à ma femme, à nos formidables jumeaux, et à moi), nous nous attaquons à une gigantesque montagne dès lors qu'on souhaite s'occuper et éduquer nos enfants dans l'égalité des sexes et le partage équitable du travail...

C'est épuisant et décourageant...»

Ludovic

UNE GROSSESSE VOLÉE POUR LA MAMAN

Il est délicat également d'être une Maman de jumeaux (avec un grand « M »). Combien de femmes ont le sentiment d'avoir loupé un truc, de s'être fait « voler » une grossesse... !

C'est un sentiment très délicat dans la mesure où on l'a bel et bien connue, cette grossesse gémellaire, mais celle-ci nous donne d'un coup deux petits bouts à choyer.

Il est d'autant plus fort lorsque l'on a connu une césarienne.

Cela rend les choses encore plus difficiles ; pour les mamans primipares, pour qui c'est la première grossesse, il faut bien se rendre compte que l'on passe du statut de femme (et parfois de « working girl ») à un statut de maman à 200%.

Une sorte de tremplin vers la maternité avec un salto double vrille en prime !

ET SI ON REMETTAIT ÇA ?

Quand avoir des jumeaux vous soude plus qu'autre chose, que tout se passe bien, que l'on gère malgré les appréhensions de son entourage, vient alors la fameuse et dangereuse question : et si on remettait ça ?
Eh bien, deux et deux ne font pas encore une famille nombreuse. Et c'est l'envie de beaucoup...
Et si un petit troisième vous disait bien ?
Oui, mais alors ? Vais-je avoir à nouveau des jumeaux ?
Si ce n'est pas un problème pour vous, c'est votre entourage qui s'occupera de vous rappeler cette possibilité !
Ben voyons... Il faut déjà faire partie des 17 naissances sur mille pour intégrer la communauté heureuse des parents de jumeaux.
La probabilité d'avoir à nouveau des jumeaux est là ! Elle titille... Elle freine... Elle s'immisce dans votre envie d'avoir une nouvelle grossesse !

Je tiens à vous rassurer sur les probabilités.
Selon l'association suisse http://www.jumeau.com/, les probabilités d'avoir deux fois des jumeaux sont les suivantes :

- En procréation spontanée :
  - 2 fois des dizygotes : 1 sur 10 000 naissances.
  - 1 fois des monozygotes et 1 fois des dizygotes : 1 sur 25 000 naissances.
  - 2 fois des monozygotes : 1 sur 62 500 naissances.
- Avec une PMA :
  - 2 fois des dizygotes : 1 sur 16 naissances.
  - 1 fois des dizygotes et 1 fois des monozygotes : 1 sur 100 naissances.
  - 2 fois des monozygotes : 1 sur 625 naissances.

Chapitre 5

TU SAIS QUE TU ES PARENT DE JUMEAUX QUAND...

Il ne faut jamais cesser de rigoler de notre situation parfois très particulière !

Voici donc un petit condensé des meilleures réponses de parents de jumeaux à cette affirmation : « Tu sais que tu es parent de jumeaux quand... »

PENDANT LA GROSSESSE

▪ Quand tu expérimentes les combats intra-utérins (et que ça effraie quelque peu le papa !).

▪ Quand, lors de la première échographie, ton gynéco te dit : « Je crois qu'il y en a deux », et qu'il se croit drôle en rajoutant : « On va vérifier s'il n'y en a pas un 3e. »

▪ Quand tu restes 1 h 30 sur la table d'échographie tous les mois !

▪ Quand tu dois apprendre tout le vocabulaire médical spécifique (dizygote, mono-chorial, MAP, RCIU...).

▪ Quand ton médecin te met en arrêt dès que tu es enrhumée.

▪ Ou que ton médecin traitant est le seul qui finit par te prescrire un médicament contre la douleur.

▪ Quand sur les échographies, tes bébés s'appellent J1 et J2.

▪ Quand tu parles de ta grossesse au pluriel !

▪ Quand tu commences à galérer pour trouver des prénoms qui vont ensemble.

▪ Quand tu leur donnes des surnoms bizarres et amusants parce que tu n'as pas encore trouvé les prénoms : « Tic et Tac », « Ben et Nuts »… et que souvent, ça reste !

▪ Quand tu as dépassé le 1 m 30 de tour de taille.

▪ Quand, à cinq mois de grossesse, on te demande si c'est imminent.

APRÈS L'ACCOUCHEMENT

- Quand tu arrives en salle de néonatalogie et que tu ne sais pas quel bébé aller voir en premier.

- Quand tu as accouché d'un mètre et de 5/6 kg de bébé en une seule fois.

- Quand tu as droit à 20/30 séances de rééducation du périnée.

- Quand tu changes 12 fois de couches et que tu donnes 8 à 10 biberons… par jour !

- Quand tu es le témoin d'une complicité hors norme et indescriptible tellement c'est beau.

AU QUOTIDIEN

▪ Quand regarder un film est une épopée de plusieurs jours.

▪ Quand prendre un bon bain devient quelque chose d'insolite.

▪ Quand on parle de toi, on ne t'appelle plus par ton prénom mais « la maman (ou le papa) des jumeaux ».

▪ Quand tu pleures financièrement lorsque les pieds grandissent, qu'ils changent de pointure et qu'il faut tout racheter (chaussons, chaussettes, chaussures, baskets).

▪ Quand tu as tout le temps l'impression de manquer de place.

▪ Quand tu as deux fois plus de câlins et d'amour le matin au réveil !

Chapitre 6

CONSEILS POUR PARENTS ET FUTURS PARENTS DE JUMEAUX

DURANT LA GROSSESSE GÉMELLAIRE

L'ANNONCER AUX AUTRES ENFANTS

Le mieux, c'est de rester simple et rassurant, comme le montrent ces témoignages...

Témoignages de parents de famille nombreuse :

« Nous avions mis au courant notre fille de cinq ans, de nos essais pour avoir un bébé (car difficile de cacher à une enfant tous les RDV et soins pour une FIV), et le jour où cela a fonctionné, nous lui avons tout simplement expliqué qu'elle allait être grande sœur d'ici quelques mois.
Notre fille connaissait déjà la gémellité car je suis jumelle moi-même.

Nous avons la chance d'avoir une grande fille qui est formidable, pas de caprice, pas de jalousie... Elle est ravie de la présence et de la venue de ses deux frères.
Nous faisons cependant très attention à lui apporter toute l'attention nécessaire et du temps rien qu'à elle pour ne pas qu'elle se sente mise à l'écart. » Virginie

« J'ai montré l'échographie à mon grand garçon, je lui avais déjà annoncé que j'étais enceinte, et je lui ai dit : "Tu ne remarques rien ?", et il a vu qu'il y avait deux trucs..., il a analysé tout seul qu'il y avait deux bébés !
Lorsqu'ils sont nés, c'est le papa qui l'a appelé pour lui annoncer. » Steffie

« On leur a dit que le docteur avait vu à l'échographie deux petits œufs... on a montré l'écho... Grand moment de joie familiale !
Nous avons des dizygotes, donc on a expliqué que papa avait mis deux graines dans le ventre de maman... "Trop fort papa", a dit mon grand de cinq ans.
On prend du temps pour les aînés pour ne pas qu'ils soient jaloux. Tout va bien pour eux, ils jouent avec eux, nous aident... Une belle fratrie. » Nathalie

« Nous leur avons annoncé la grossesse à 12 SA... mon mari a fait un dessin de lui et moi avec deux bébés dans mon ventre et là, ma "grande" de quatre ans et demi a dit tout naturellement : "Ce sont les deux bébés que maman a dans son ventre !" Donc, on a expliqué que oui, il y en avait deux. Après, nous avons acheté un livre expliquant ça... On a regardé des émissions à la télévision... Et on a dit que : "C'était la nature qui décidait..."
Ce qui agace les grands, ce sont toutes les remarques de gens. Pour eux, ce sont leurs frères, et il y en a deux et c'est comme ça ! Alors pourquoi tout le monde s'arrête sur les petits ? C'est difficile parfois… » Karine

PRENDRE RDV CHEZ LE DENTISTE DES QUE POSSIBLE POUR UN CONTROLE

La zone dentaire est fragilisée lors d'une grossesse.
Evitez de vous retrouver avec une rage de dent au troisième trimestre, prenez les devants, car peu de dentistes accepteront de vous soigner.

ADMINISTRATIF : DEVENIR UNE VRAIE PETITE SECRETAIRE !

Il est indispensable de rassembler tous les documents au fur et à mesure dans un portfolio et de les classer par chronologie (prises de sang, échographies, comptes rendus médicaux, etc.).
Ça évite bien des désagréments en cas d'urgence !

SE RENSEIGNER SUR SES DROITS A UNE « AIDE A DOMICILE »

CHANGER DE VOITURE

Ce conseil coule de source. Si votre coffre actuel est insuffisant pour ranger poussette double et courses, mieux vaut y penser de bonne heure.

PREPARER LA VALISE DE MATERNITE A 5-6 MOIS !

Vers 5-6 mois seulement, commencez votre valise de maternité.

Ne le faites pas trop tôt, mais ne le faites pas trop tard non plus ; il sera difficile de courir les magasins avec votre ventre les deux derniers mois, et cette respiration de plus en plus compliquée, et cette vessie qui est compressée, etc.

ACHETER LES INDISPENSABLES

- Le visiophone sera rassurant et sécurisant.
- Le coussin d'allaitement deviendra indispensable, pour dormir comme pour allaiter.
- Deux couffins : je recommande ce genre de couchage car les bébés se sentent entourés comme dans la poche amniotique. Vous les placerez à votre convenance.
- Des chaises hautes évolutives (transat intégré).
- Des biberons (6) de petites tailles qui vous serviront plus tard pour l'eau des enfants.
- Etc.

LES FACULTATIFS A ACHETER MAIS BIEN UTILES

- Un aspirateur portatif, pour nettoyer vite et bien les miettes et salissures de vos enfants.
- Une machine à laver et un sèche-linge de grande capacité (11 kg).
- Un parc de un mètre par un mètre, ou un parc modulable agrandissable.
- Un tapis d'éveil.
- Une poubelle à couches.
- Etc.

ETUDIER LE PRIX DES COUCHES AUX ALENTOURS

Vous allez mesurer un budget par deux, donc pas de gaspillage à ce niveau-là. Voyez votre priorité : la qualité ou le budget ? Etudiez le prix des couches selon les magasins car souvent, ce sont les produits dits « d'appel ». Certains gonflent les prix, d'autres font des promotions, à vous d'y faire attention.

S'INSCRIRE ET REPERER LE « DRIVE » LE PLUS PROCHE

Le « DRIVE » va devenir votre meilleur ami ! Prenez les devants si vous ne connaissez pas encore ce système d'achat. Faites un repérage ; il vaut mieux faire sa première fois sans les enfants.

SUIVRE LES COURS DE SOPHROLOGIE DE LA SAGE-FEMME ASSIDUMENT

Apprendre à respirer correctement, à se concentrer sur celle-ci n'est pas anodin. Le jour venu, croyez-moi, vous serez heureuse d'avoir cet acquis. Ne le sous-estimez pas !

LES PRÉNOMS, LES SURNOMS

Trouver un prénom lorsque l'on attend un enfant, c'est déjà dur, mais en trouver deux, c'est encore plus complexe.

En effet, il faut trouver non pas un, mais deux prénoms qui plaisent aux parents, et dont l'harmonie des deux convienne à leur choix.

Soit ceux-ci se ressemblent, soit ils ne se ressemblent pas mais sont en harmonie, soit ils sont complètement différents.
Je m'explique.

Un prénom se choisit au travers de plusieurs critères : le nombre de syllabes, sa sonorité, son origine ethnique et sa signification.

A vous de faire correspondre vos prénoms de la manière qui vous convient, mais sachez que cela peut prendre du temps, et que le terme de la grossesse peut arriver plus vite qu'on ne le pense.

Il faut donc réfléchir également à votre méthode !
Soit c'est l'un des deux parents qui choisit, et là, le problème peut se régler rapidement.

Soit les deux parents participent au choix des prénoms, et là, il faut s'accorder, ce qui souvent n'est pas simple et occasionne des disputes.

Ma recommandation :
Prenez le même livre et listez chacun une vingtaine (pas moins) de prénoms que vous aimez.
Ensuite, faites correspondre vos deux listes avec les prénoms que vous avez en commun. Lesquels avez-vous en commun ?
Il faudra enfin choisir les prénoms qui s'associent correctement parmi ceux-ci.

Voilà ma recette pour une expérience de vie la plus agréable possible !

C'est un moment important de votre vie, mais surtout de celle de vos enfants...

En attendant le choix définitif des deux prénoms, choisissez des surnoms pour vos fœtus : Tic et Tac, Ben et Nuts, Roseline et Mauricette, Marcel et Robert, que sais-je ! A vous de vous faire plaisir pour en rigoler un maximum.

Cette astuce (l'emploi de surnoms) favorise la dédramatisation du phénomène gémellaire.

Il faut dire que c'est quand même plus sympa que l'appellation des médecins, qui sera soit J1 et J2 (J pour jumeaux), soit A et B...

LA VALISE DE MATERNITÉ D'UN PARENT DE JUMEAUX

L'idéal pour ne pas s'encombrer de l'inutile est de prévoir plusieurs bagages avec des étiquettes : deux petits bagages (ou un grand avec rangements), l'un pour la maman et l'autre pour les bébés. N'oubliez pas le nécessaire pour le papa qui, lui aussi, va avoir besoin de choses. Lorsque l'accouchement aura eu lieu, que le papa sera rentré prendre une douche, il ramènera alors la grosse valise.

Voici ce que je vous recommande de prendre...

POUR LA MAMAN LE JOUR J

- **Une chemise du papa (manches courtes) possédant son odeur** ; c'est ce que vous demanderez à mettre lorsque le moment sera venu. Elle s'ouvre par devant pour le peau à peau, vous rassurera au besoin et surtout, bébé reconnaîtra vos deux odeurs, une sorte de plénitude, une harmonie olfactive qui rassurera vos bébés.
  Oubliez l'esthétisme, pensez pratique !
- **De quoi vous changer les idées si le travail est trop long** : magazines et livres légers et faciles à lire, musique et autres.
- **Une paire de chaussettes** (la péridurale donne froid).
- Une ou plusieurs **culottes jetables.**
- Une ou plusieurs **serviettes hygiéniques** à grande contenance (type nuit).
- **Vos papiers** (carte de groupe sanguin, échographies, portfolio avec toutes vos analyses, reconnaissance anticipée, livret de famille, carte de sécurité sociale et carte de mutuelle).

POUR LES BEBES LE JOUR J

- **Deux bodys taille « prématuré »**, c'est-à-dire 45 cm (« naissance », soit 50 cm, si vos enfants sont estimés à plus de 3 kilos !), qui s'ouvrent de préférence par devant.
- **Deux pyjamas** qui s'ouvrent par devant.
- Deux **bonnets.**
- Deux paires de **chaussettes.**
- Deux **gilets** bien chauds.

POUR LE PAPA LE JOUR J

- **Un tee-shirt propre**, car papa peut passer une nuit à l'hôpital, mal installé, suer...
- **De la petite monnaie,** pour les machines à café, les bouteilles d'eau et snacks.
- **Un nécessaire à photos et vidéos** (téléphone, caméscope, c'est selon les envies de chacun).
- Une liste des numéros de téléphone portable (mail) des proches à prévenir lors de la naissance.

UNE FOIS L'ACCOUCHEMENT TERMINE : LA VALISE PLUS COMPLETE

<u>Pour les bébés</u> :

- 10 bodys qui s'ouvrent par devant, taille « prématuré » (45 cm) ou taille « naissance » (50 cm) si vos bébés sont estimés à plus de 3 kg !
- 10 pyjamas qui s'ouvrent par devant (*idem* pour la taille).
- 4 petits gilets.
- 2 paires de moufles.
- 4 bonnets.
- 10 paires de chaussettes et de chaussons.
- 12 bavoirs.
- 2 serviettes de toilette.
- 1 trousse de toilette complète (brosse, savon, coton, liniment ou lait de toilette).
- Suivant les fournitures de la maternité, prendre des couches 2/5 kg (1 paquet de 50).
- 2 nids d'ange pour la sortie des bébés.
- 4 tenues pour les présentations aux familles et amis.

Pour la maman :

- Vêtements confortables et jolis (pensez aux séances photos).
- Maquillage léger et démaquillant (éventuellement).
- Un sac à linge sale.
- Des serviettes hygiéniques maxi nuit.
- Des culottes jetables.
- Des soutiens-gorge d'allaitement (éventuellement).
- Un léger vase pour des fleurs (éventuellement).
- Un stylo et du papier si vous avez envie d'écrire.
- Un appareil photo.
- Ce livre !

AU RETOUR À LA MAISON

SUIVRE LES SEANCES DE REEDUCATION DU PERINEE !

C'est indispensable pour se remettre d'une telle grossesse, mais voyons plus loin, c'est également indispensable pour souffler, sortir de son quotidien qui, disons-le franchement, sera à ce moment très répétitif. Prévoyez, avec votre entourage, un mode de garde rassurant, et partez vous ressourcer sous l'excuse de refaire votre périnée. Ma maman ne m'en voudra pas, je l'espère, de dévoiler cette astuce. Demandez un nombre important de séances. Vous ne le regretterez pas.

ABCD D'UN QUOTIDIEN REPETITIF à soulager avec une bonne préparation et des achats a l'avance. Amour, biberon, couches, dodo !

Préparez votre premier mois. A vous de calculer combien de couches il vous faudra à raison d'une douzaine par jour, de biberons, de bodys, etc. Même si l'achat sur le moment vous paraît faramineux, vous ne regretterez pas ce mois de tranquillité. A vous d'être prévoyante… Faites une liste, achetez, stockez de façon pragmatique et profitez de l'instant !

MENAGER SON DOS

Il faut se remettre car le marathon de votre vie vous attend. Je vous conseille donc de passer voir un kinésithérapeute ou un ostéopathe, et de prendre vos rendez-vous *post-partum* à l'avance. Encore une sortie salvatrice que vous ne regretterez pas.

Aussi, si l'on vous demande quel cadeau vous ferait plaisir, n'ayez pas de complexe à demander une enveloppe pour six mois de femme de ménage (renseignez-vous au préalable auprès de votre CAF ou de votre mairie pour savoir si vous y avez droit). Sincèrement, c'est tout bête, mais ça permet de récupérer.

DELEGUER, NE PAS REFUSER L'AIDE DES PROCHES…

Pour toutes ces choses, il faut évidemment pouvoir compter sur son entourage (mamies et papis se feront une joie de vous aider quelque temps). Convenez avec eux d'un planning à l'avance. N'attendez pas le *burn out*, d'être à bout, pour faire appel à eux…
Aussi, si vous êtes en couple, relayez-vous ; le papa n'aura jamais autant de place que dans un ménage avec des jumeaux !

TENIR UNE FEUILLE DE ROUTE !

Au début, je tenais une feuille de route type Excel, avec les informations essentielles à noter (heure de change, heure du biberon, combien le bébé a bu, quel médicament est donné à quel bébé, etc.). Celle-ci paraît superflue pour les non-avertis au premier abord, mais je vous assure qu'avec la fatigue et la répétition, elle deviendra vite un élément essentiel et rassurant. A tel point que mon chéri et moi, en véritables *geeks* avertis, nous avions téléchargé une application sur nos téléphones qui se synchronise et qui permet en quelques touches de rentrer les informations essentielles. Ainsi, il savait avant de rentrer, en se connectant sur le réseau, qui avait bu, à quelle heure et ce qui l'attendait en revenant du travail.

AMENAGER L'ESPACE AUTREMENT

Deux tables à langer, une dans une chambre et l'autre dans la salle de bains par exemple, avec de petites commodes en dessous, s'avèrent l'idéal pour les parents comme pour les enfants.
Moins de pleurs causés par l'attente, moins de stress pour tous.

ANTICIPER : C'EST LE MAITRE MOT

On ne vous le dira jamais assez. Si vous voulez que votre quotidien se passe le mieux possible, **il faut que l'anticipation soit le maître mot de votre organisation.**
Il est impossible de laisser place à l'improvisation dans nombre de situations…

AU QUOTIDIEN

FAITES VOS COURSES AU « DRIVE »

De nombreux avantages résident dans l'achat en ligne. Non seulement vous gagnez en temps, en stress, mais également financièrement, car vous vous en tiendrez à une liste. Finis les achats compulsifs ! Ou si peu.

ACHETER VOS PRODUITS PAR LOTS

Beaucoup de magasins font des réductions par lots. A vous de les repérer ! Ces promotions sont faites pour vous...

ACHETER D'OCCASION

Bien sûr, il sera moins coûteux de consulter et d'acheter sur les sites de vente d'occasion.

SE FAIRE LIVRER LES COUCHES ET LE LAIT

Il est financièrement avantageux de se faire livrer les couches et le lait par l'intermédiaire de l'association « Jumeaux et plus » (www.jumeaux-et-plus.fr), qui a accès à une centrale d'achat, la « Centrale des multiples » (www.centraledesmultiples.com).

PRIVILEGIER LES PRODUITS EVOLUTIFS

Entre les chaises hautes évolutives, les lits ou les poussettes, la puériculture évolue vers cette tendance. Economie, gain de place, de stress, les avantages ne manquent pas. Il vaut mieux réfléchir une journée, voire une semaine, au moment de l'achat, que d'acheter n'importe quoi.

LE BAIN UN JOUR SUR DEUX

Un pédiatre sur deux sera suffisamment compatissant pour vous le conseiller. Si votre enfant n'a pas de problème de peau spécifique, ou si vous n'êtes pas en période de canicule, ne leur donnez un bain qu'un jour sur deux afin d'économiser vos forces, votre dos et votre patience. Ne le dites pas, car c'est mal perçu, gardez-le pour vous, et puis c'est tout !

HABILLEZ-LES SIMPLEMENT

Rien ne vaut un bon body, un pyjama pour la nuit… Gardez les robes et autres vêtements difficiles à enfiler pour les occasions. Ça évitera les énervements dans un premier temps, et ça vous rendra tellement fière dans un second temps. Mais sinon, facilitez-vous la vie !

SORTEZ !

Oui, je sais, beaucoup vous l'ont conseillé, ça vous a agacée, j'en suis consciente. Moi aussi !
Essayez simplement de le faire aussi souvent que votre quotidien et vos enfants vous le permettent. Un coup de sang, on prépare tout (oui, ça prend du temps) et on sort sans se poser 36 000 questions.

C’est souvent un effort (car c’en est un) qui vaut la peine… Rien ne vaut un bon bol d’air, pour vous, pour vos enfants et votre entourage.
Si nécessaire, faites un repérage seule, sur la carte, en voiture, mais j’insiste. Les conseils donnés par les mamans de singleton ne sont souvent pas dénués de sens. Il faut juste les nuancer et les adapter à sa vie réelle.

SE GARDER DES MOMENTS PERSO !

NE JAMAIS CULPABILISER

Ça peut aller très vite ! Une réflexion en passant : « OH ! Regarde comme il a besoin d’attention... » Mais non, non, non ! Vous ne culpabiliserez pas de ne pouvoir apporter autant d’attention à l’un et à l’autre que si vous en aviez eu un seul... Si la vie en a décidé autrement, c’est qu’il y a une raison, à vous de la trouver.

Chapitre 7

RECITS DE PARENTS DE JUMEAUX

Le récit de Séverine, le jour de l'échographie

C'était le 29 juin 2012, j'avais rendez-vous, ce jour-là, pour l'écho de datation. A la fin de ma journée de travail, je me suis rendue seule à cet examen, très détendue et très sereine (le papa n'ayant pas pu m'accompagner, car quelques semaines auparavant, il a eu un accident domestique qui l'a immobilisé, il ne pouvait plus conduire).
Je suis dans la salle d'attente depuis un bon moment, il y a du retard et je trépigne d'impatience, j'ai tellement hâte de découvrir ce petit être qui grandit en moi... Mon tour arrive, je m'installe sur la table et l'examen commence... J'essaie de voir quelque chose sur l'écran se trouvant à ma gauche mais ça va vite, trop vite, je ne distingue rien, je ne comprends pas, le médecin ne prononce pas un mot, il passe et repasse sur mon ventre... De longues minutes s'écoulent, une éternité je dirais, je commence à douter, à m'inquiéter... Et puis, une question tombe : « C'est une grossesse spontanée ? » Et moi qui réponds un petit « oui ».

Certes, avec du recul, cette simple question aurait dû me mettre la puce à l'oreille mais sur le coup, l'idée ne m'a même pas effleuré l'esprit....

De longues minutes passent encore et toujours pas un mot, pas une explication, le néant, je me sentais bien seule... Et puis une seconde question : « Vous avez des jumeaux dans la famille... ? » - « Euh, pas à ma connaissance... » Et là, à cet instant précis, je me dis : « Mais pourquoi me pose-t-il cette question ?! »....
De nouveau le silence et moi je suis là, seule, face à mes doutes, mes inquiétudes, mes questions sans réponse, je me sens perdue... Et puis, la nouvelle tombe : « ...parce que j'en vois deux. » - « Vous me faites une blague là ?! » – « Non, non, Madame... » Et là, à cet instant précis, je multiplie tout par deux, le matériel, les vêtements, le budget, etc., bref, un grand moment de flippe totale pendant environ 30 secondes... Et puis, je reprends le dessus, des tonnes de questions m'envahissent... La première sera : « C'est des vrais ou des faux ?! » - « On va regarder, Madame... » Le véritable examen a commencé pour moi, il m'a montré les fœtus, les poches, les cordons, m'a fait écouter leur petit cœur, il m'a expliqué, il a pris le temps de répondre à mes questions... Je suis sortie apaisée, ravie, fière et un peu flippée quand même, mais tellement heureuse... Il ne me restait plus qu'à rentrer à la maison et à l'annoncer au papa...

Le récit d'Hélène, un accouchement imprévu

« Le vendredi, je conduis Papa à l'hôpital pour qu'il se fasse opérer de la cheville.
Le samedi soir, je dors seule chez mes beaux-parents pour ne pas enchaîner trop de route et pouvoir récupérer mon père le dimanche matin.
Le midi, nous sortons de l'hôpital et nous nous joignons à ses collègues pompiers pour le dessert. Nous faisons quelques courses. Chose que j'ai regrettée immédiatement après avoir porté un carton seule.
Nous sommes rentrés dans notre tout nouveau chez-nous, à 50 km de là, pour tout ranger avant d'aller dîner chez mes beaux-parents.
Au moment de sortir, à 19 h 45, je me rends compte d'une certaine humidité. Je dis à Papa :
« Je crois que je perds quelque chose… »
« Quoi ? »« Soit je perds le contrôle de ma vessie, soit je perds les eaux… »
Retour dans la maison pour me rendre aux toilettes. Je perds bien les eaux !
Obligés de faire venir mes beaux-parents pour me conduire à la maternité car Papa, plâtré, ne pouvait pas le faire et qu'il ne voulait pas que je prenne le volant.
J'ai profité du temps d'attente pour poser la valise que je n'avais pas faite au milieu du salon et la remplir avec ce qui me tombait sous la main. En gros, pas grand-chose, puisque les vêtements achetés pour les bébés l'après-midi même portaient encore leurs étiquettes et n'étaient pas lavés !
En route pour 50 km dans l'autre sens, avec beau-papa flippé que je trempe les sièges de sa nouvelle voiture. Je voulais absolument accoucher dans le service où j'avais été suivie depuis le début.
A la maternité, le gynéco a essayé de stopper les contractions grâce à deux traitements différents qui n'ont pas fonctionné.

Il voulait laisser 48/72 h à la cortisone pour faire mûrir un peu les poumons des petits. Les contractions étaient plutôt gérables à mon sens. Je m'attendais à hurler sur la table, mais ce ne fut pas le cas.
Quand l'envie d'aller à la selle fut beaucoup plus insistante (la sage-femme ne voulait pas prendre le risque de me conduire aux toilettes et je ne voulais pas aller au bassin !), elle a mesuré mon col : 2 cm. Elle m'a proposé de faire poser la péridurale.
Après 20 minutes de « penchez-vous en avant, Madame, encore un peu plus, encore un peu plus… » (10 ans d'études, beaucoup de péridurales à son actif, mais ne sachant toujours pas qu'avec un ventre comme ça, c'est physiquement difficile !), elle revient pour remesurer le col qui avait atteint 10 cm. Du coup, elle m'a envoyée au bloc dans la foulée.
L'obstétricien semblait plus inquiet de Papa, plâtré, à qui il avait fallu faire une place pour caser un tabouret à côté de moi et qui donnait l'impression qu'il allait tourner de l'œil à tout moment, que de mon entrejambe.
La péridurale était latéralisée. Au début, je n'avais que le côté droit d'endormi.
Du coup, j'ai « couiné » quand il a fait l'épisiotomie et est allé chercher la tête de mon fils aux forceps.
J'ai eu juste le temps de le voir. L'infirmière l'a passé sous mes yeux avant de l'emmener.
J'ai « couiné » une 3e fois quand il a plongé la main pour aller chercher ma fille par les pieds.
Elle a été emmenée de la même façon.
Jusque-là, tout allait bien pour moi. J'avais bon moral, j'étais souriante. Mais, quand j'ai réalisé qu'ils étaient partis tous les deux, je me suis mise à pleurer. J'ai immédiatement culpabilisé de leur prématurité.
La visite de la pédiatre ne m'a pas aidée : « Vos enfants n'arrivent pas à respirer par eux-mêmes, nous cherchons des places en réa néonatalité. Nous avons trouvé une place dans

un autre hôpital et cherchons une autre place disponible dans un autre hôpital. »
La sage-femme m'a raccompagnée dans la salle de travail après la délivrance et les points pour l'épisiotomie. J'étais inconsolable de ne pas avoir pu prendre mes bébés sur moi et leur donner la tétée de bienvenue.
Après une heure, la pédiatre est revenue me dire que mon fils respirait seul. Et que ma fille était toujours intubée. J'ai pu tenir un peu mon fils avant qu'il ne monte en néonatalité et j'ai juste pu mettre ma main sur le petit bidou de ma fille dans la couveuse qu'on emmenait je ne sais où, avant qu'on me monte dans ma chambre.
« Reposez-vous », m'a-t-on dit. Comme si je pouvais me reposer avec un bébé qui ne respire pas, seule dans la nature !
Quand j'ai eu le droit de me lever, je me suis traînée à l'autre bout de l'hôpital pour voir mon fils en néonat. J1 et J2 (on n'est arrivé à se décider sur les prénoms qu'après trois jours !) étaient ensemble, dans une chambre. Ma fille s'était extubée sept heures après et la pédiatre l'a laissée faire, pour voir. Elle respirait seule. Ils avaient tous les deux des lunettes et étaient gavés par un tube qui reliait une énorme seringue à leur estomac.
J'ai pu prendre un peu mon fils l'après-midi même, mais j'ai dû attendre encore 24 heures pour tenir ma fille. Je l'ai vue faire sa première colère car elle cherchait à téter mais, gênée par la sonde, elle n'y parvenait pas. Je ne sais pas combien de litres de larmes j'ai versés cette semaine.
Le jeudi suivant, ils ont été transportés dans un service néonat plus proche de notre nouvelle maison.
Ils y sont restés un peu plus de trois semaines. Quelques jours après leur transfert, Papa a dû se faire ré-hospitaliser pour une infection postopératoire. Il est resté 10 jours à l'hôpital, distant de près de 50 km de l'hôpital de Rambouillet où étaient mes bébés, et j'allais voir tout le monde, tous les jours.
Je me levais à 7 heures pour être à 9 auprès d'eux, je quittais le service pour dîner avec Papa, je revenais pour faire téter

mon fils et tirer mon lait une dernière fois, et je rentrais me coucher vers minuit. En moins de 15 jours à ce rythme, je rentrais dans mon jean d'avant grossesse !

Le récit de Virginie, un accouchement par voie basse

Une journée incroyable, magique, et ce n'est pas le sketch de Florence Foresti : c'est vraiment vrai !
Une équipe de pros, aux petits soins, une sage-femme (Camille) dont je me souviendrai toute ma vie, une anesthésiste (Zoé) au top du top et un mari avec qui j'ai rigolé tout le temps, et ma maman qui nous a accompagnés jusqu'au bout du bout : la porte du service maternité !
Quand on parle de l'accouchement des jumeaux, tout de suite ça angoisse, on pense à l'hémorragie, la césarienne, etc. On est tellement préparé à ce que tout se passe mal que du coup, je pense qu'on arrive mentalisé comme un boxeur sur le ring : je vais douiller !
Il y a quand même une grande frustration quand on accouche de jumeaux : on nous enlève tout de suite notre enfant et on n'a même pas le temps de profiter de lui : il faut qu'on se dépêche d'accoucher du deuxième et quand le deuxième est là, on nous le retire tout de suite parce qu'on doit nous faire tous les soins nécessaires ! C'est un épisode assez dur pour moi, même si ce n'est qu'un petit élément !
Bon, finalement, tout a été nickel pour moi ! J'ai eu la chance d'accoucher par voie basse, de faire des blagues pendant mon accouchement, de voir mes bébés en bonne santé et tellement belles (après le petit nettoyage de la petite substance blanche qui recouvre les bébés prématurés).
Allez ! Un détail « glamour » quand même : après l'accouchement, j'ai vomi comme une m****, comme un sportif après un long marathon ! J'ai pleuré, tout devait sortir, les émotions étaient trop fortes, et je ne sentais vraiment pas bon ! Sympa pour la première rencontre avec ses bébés !

Le récit détaillé et palpitant de Sonia

Lundi

Le rendez-vous chez le gynécologue se passe à merveille ; le col est ouvert à un doigt, les deux jumeaux sont toujours toniques, le déclenchement est prévu pour le lendemain car on a atteint les 38 semaines. Il me félicite de mon parcours car les puces sont estimées à un bon poids et ma grossesse s'est plutôt bien passée ; pas de diabète, pas de tension, juste une petite MAP stoppée à temps.

A ce moment-là, tout allait bien, mais ça n'allait pas durer...

Mardi

Après une courte nuit de sommeil, je me prépare. Je suis à jeun, tandis que mon « zome » prend son petit déjeuner, prépare les dernières affaires ; et nous voilà partis à la maternité.

Arrivés à 7 h 15, on me prend en charge par une échographie ; nous voyons les filles une dernière fois à l'écran ! Examen du col, tentative d'un décollement manuel pour titiller le col, puis monitoring à 7 h 45.

C'est parti mon kiki pour trente minutes ; pas de contractions ! Du coup, pose du gel et c'est parti à nouveau pour deux heures de monitoring en salle de pré-travail...

Je ressens des contractions ; la honte, j'en avais eu plein à la maison, je ne savais pas ce que c'était ! Pour moi, c'était mes aigreurs d'estomac... Du coup, on a bien ri avec la sage-femme qui me dit : « Je vous souhaite que vous continuiez à les ressentir comme ça ! »

Deux heures après le monitoring, on revérifie le col et toujours pareil, donc on me pose ma perfusion et l'on m'explique que la pose de gel c'est six heures, que je peux m'installer dans ma chambre. Je me sens de marcher, donc nous allons gaiement avec « zome », accompagnés de mes petites aigreurs...

J'avais demandé une chambre particulière et en fait, comme c'est des jumeaux, j'ai eu droit au modèle VIP : chambre double bloquée où on enlève le deuxième lit pour moi, pour avoir un espace avec deux tables à langer, deux armoires, tout en double en somme... Excellent ! Que demander de plus ?
Voilà, on monte dans la chambre, reçus comme des personnes importantes (c'est LA grossesse gémellaire de 38 SA avec déclenchement et tentative voie basse, oui, oui, c'est moi, sinon, Sonia c'est bien aussi).
J'attends 12 h 30, le repas ; oui, en déclenchement, on mange léger, mais on mange quand même car sinon je ne tiendrais pas (d'ailleurs, sur la fin, je n'ai pas tenu).
16 h, à nouveau monitoring de trente minutes et on m'examine ; contractions très présentes mais aucune modification ! La pose du gel est donc inutile. Je vais devoir passer par le décollement des membranes (ma belle-sœur l'avait déjà eu et m'a expliqué qu'elle avait douillé). Pas top donc, mais bon, s'il faut le faire, on le fait !
On va sur la table, on me met en position et c'est parti...
Franchement, une minute horrible où je hurle et pleure à taper sur la sage-femme.
Mon « zome » est tout penaud et moi j'essuie mes larmes.
Je me dis que je suis forte, que j'ai vécu pire et que je vais y arriver ! Rahlala cette phrase de ces deux jours, « pense à tes nénettes ».
Donc elle me dit : « Là, soit ça débloque, soit on attend demain la décision… » Elle me dit d'en profiter pour marcher, manger un petit bout léger pour stimuler le col car j'ai des contractions. Il ne manque pas grand-chose pour que ça se débloque...
C'est clair qu'il ne manquait pas grand-chose et y'a qu'à la fin qu'ils ont vu pourquoi tout était bloqué.
« Zome » en profite pour aller se chercher le nécessaire pour lui le soir, car il restera avec moi jusqu'à l'accouchement. Moi, pendant ce temps-là, je suis au téléphone, je marche en faisant

toute la polyclinique, escaliers et compagnie, toujours en mode aigreur !
19 h, le repas arrive ; je sens la douleur s'intensifier. Je ne peux pas manger et ça devient très douloureux. Je décide de remarcher pour toujours stimuler car on m'examine le col toutes les heures. Je prends une douche chaude. Mais rien ne passe, col toujours à deux doigts, longs et toniques.
A 23 h, je suis en pleurs. Je n'en peux plus. Effectivement, les contractions sont très régulières et là, c'est l'équipe de nuit. La sage-femme m'examine et me dit que mon col est ouvert à 4 longs toniques. « On va prévenir le personnel, vous allez descendre pour poser la péridurale. »
Je suis alors soulagée. D'ici 20 min, je serai sans douleurs !
C'est ce que je pensais à ce moment-là...
On me dit : « Prenez vos affaires, et bon accouchement ! » Euh, ils seront étonnés de me revoir monter à 6 h du matin.
Je descends donc péniblement avec « zome », mais je décide de marcher pour toujours stimuler
L'équipe de nuit est super sympa ! On me pose le monitoring durant 30 min et après, encore et toujours, on me fait l'examen du col et là, elle tire une tête : « Euh, ils se sont trompés en haut, vous êtes toujours à deux doigts longs et toniques. »
Conclusion : « Désolé, mais on ne peut pas poser de péridurale ! » Moi je pleure que je n'en peux plus, la sage-femme décide de me poser une perfusion de dérivé de morphine pour que je dorme un peu.
Je commence à sombrer.

Mercredi

Minuit, « zome » remonte en chambre pour se reposer dans le lit. Au pire, la sage-femme le préviendra. Moi je reste en salle de naissance. Je me réveille toutes les heures malgré la perfusion.
A 5 h, « zome » descend me rejoindre et je me lève tant bien que mal pour faire pipi ; et oui, on est shooté avec ces doses de calmants.

La sage-femme me réexamine et toujours pareil ; elle me dit de prendre une douche en haut, de rester à jeun, que « zome » fait sa toilette et prend des forces car avec déclenchement ça peut être long ! Oui, ça l'a été !
Donc, je remonte avec « zome » en chambre. Il petit déjeune le temps que je prenne une douche.
7 h 45, je redescends en salle de naissance où l'on me pose à nouveau mon copain le monitoring ; des contractions toujours là mais voilà, toujours rien qui agit sur le col car il ne se modifie toujours pas, et moi je douille !
9 h 45, arrivée de l'anesthésiste et on me pose la péridurale car ouverte à 3, youyou, un doigt de plus (je n'aurais jamais pensé, un doigt en plus, l'effet que ça ferait).
On m'anesthésie donc localement mais je sens la péridurale passer à gauche ; une bonne douleur. Il me dit qu'effectivement elle est partie sur la gauche. Ce n'est pas horrible, en même temps, après le décollement, je pense que j'ai touché le pire (avant d'accoucher sans que la péri fonctionne).
Toute la journée, on vérifie le col, on me pose une deuxième perfusion ; avec grossesse gémellaire, le risque hémorragique est plus important et tout et tout... On prend le temps, comme on a le temps, de tout nous expliquer !
En fait, j'ai droit au dernier cours d'accouchement que je n'ai pas pu avoir à cause de la MAP.
On vient souvent nous voir. Je me repose pas mal entre deux, car on me dit : il va falloir des forces.
Dans la journée, le col se modifie enfin : il s'ouvre mais reste toujours long tonique.
11 h sous péridurale, col ouvert à 6 et poche des eaux rompue de Julia.
14 h, col toujours épais et bloqué à 6 ; on attend une décision car ça fait 31 h qu'on est là !
17 h, troisième pose de péridurale, col à 7.
20 h, tête engagée, ouverte à 9.

22 h, on installe tout le matos pour nous ; ça va vite arriver, je sens bien depuis une heure ma puce descendre et mon bassin s'écarter.
Toute l'équipe est présente, et une bonne équipe pour une grossesse gémellaire. J'ai droit à un externe ; il est super *happy* ! Une grossesse gémellaire en voie basse yeeaah…
Au final, ma péridurale ne fonctionne plus.
Le temps de la reposer, on va devoir utiliser les forceps et le gygy s'occupera de moi.
Je n'ai plus de force pour pousser, ça ne fonctionne plus !
Le gygy va devoir aller les chercher.
Même si les filles vont toujours aussi bien et ne se fatiguent pas, moi je suis moins bien avec les trois poses de péridurale !
J'ai un œdème sur tout le bas du corps et je suis cyanosée. Je n'ai plus aucune force pour pousser ; je pleure, je n'en peux plus, donc on va m'aider (et oui, mes syncopes, il faut éviter à la fin).
22 h 46, on me pose Julia sur moi.
Je vois tout de suite le nez à son papa et c'est tout son portrait... Je pleure, on me la prend, papa la suit pour aller voir sa toilette et là je l'entends pleurer, et moi je continue de pleurer, de joie cette fois-ci, même si j'ai senti la tête et les épaules passer. Je me ressaisis et on continue pour la puce car elle est en siège. Pas dans le bon sens en tout cas. Donc, le gygy explique ce qu'il va devoir faire à l'externe (moi, je ne suis pas sourde, mais j'aurais bien voulu à ce moment-là).
22 h 57, après une manipulation à l'intérieur de moi, on me pose ma fille Elisa qui pleure de suite. Je suis dans un autre monde. J'ai tout ressenti comme pour sa sœur et je reste là, le temps qu'on me la prenne pour la préparer.
On me ramène les filles après.
La péridurale qui n'agit toujours pas.
Mon utérus reste en haut avec le placenta collé ; je sens que ça tire dans mon ventre et rien ne descend. On attend que le cordon tombe et que le placenta suive mais rien ne se passe. Entre deux, je fais une hémorragie.

Je douille toujours ! Je sens tout ; on va tenter de faire descendre l'utérus pour que le placenta tombe.
Je douille car on va au poing sur mon bidon en faisant des circulaires pour le faire descendre ; ça prend du temps !
Je douille mais ça fonctionne doucement mais sûrement. On me met mes filles sur moi à tour de rôle pour essayer de me distraire car c'est très douloureux. L'équipe est aux petits soins. On me félicite pour la voie basse et tout le travail fait. En fait, le gygy et l'externe travaillent sur mon utérus et le reste de l'équipe est en extase devant les filles ; le pédiatre, les sages-femmes, l'anesthésiste, tous les contemplent et nous félicitent de notre parcours.
Enfin, la délivrance se fait. Je commence à ne plus rien sentir et heureusement ; ils vont me recoudre tellement bien que je n'aurai qu'un nœud à l'extérieur.
Moi, je fais la tétée de bienvenue des puces, chacune leur tour, et là je sens que ça coule énormément. On arrête la tétée. Ils reprennent les filles ; je fais une grosse hémorragie due à la voie basse. On s'occupe bien de moi.

Jeudi

2 h du matin, on est dans notre chambre et j'ai droit, à cause de ma grosse perte de sang, à un petit déjeuner... Oui, en plein milieu de la nuit, je mange des tartines et du chocolat chaud pendant que « zome » contemple ses filles.
Nous nous retrouvons enfin, après tout ce périple à quatre !
Nos filles sont là, Julia et Elisa, mes amours, notre vie, notre récompense pour le combat contre l'infertilité !

Comment avez-vous appris que vous alliez devenir parent de jumeaux ?

« J'ai fait une écho de datation à six semaines de grossesse. J'étais seule parce que mon mari gardait notre aînée. Aucun antécédent familial, donc j'étais à un milliard d'années de me douter de ce qui m'attendait. Je pensais à une grossesse plus “vieille” que six semaines parce que j'avais beaucoup de symptômes. L'échographiste m'a demandé si je voyais la même chose que lui à l'écran. A six semaines de grossesse, j'avoue que pour ma part, je n'y voyais pas grand-chose... Du coup, j'ai répondu : “Je vois qu'il y a quelque chose...”, et il m'a répondu : “Il y en a même deux !” Là, une angoisse m'a submergée et je n'ai plus rien dit du reste de la consultation, pendant que le médecin me faisait la liste des risques et des précautions à prendre en utilisant des mots barbares comme “mono-choriale”, “bi-amniotique” et “syndrome transfuseur transfusé”. J'ai pleuré en sortant et j'ai appelé mon mari. Je lui ai demandé s'il était bien assis. Il m'a demandé s'il y avait un problème. J'ai répondu : “Non, tout va bien, mais il y en a deux.” Il a cru à une blague, j'ai dû insister et c'est ma voix catastrophée qui l'a convaincu. Ensuite, gros silence, puis : “Bah va falloir qu'on déménage.” Il m'a rassurée et était plutôt positif, alors je lui ai dit que l'information n'avait pas dû monter au cerveau. Quand je suis arrivée chez nous, il avait le visage décomposé et la première chose qu'il m'a dite, c'est “ça y est, c'est monté au cerveau”... On a paniqué pendant 24 heures puis on n'en a plus parlé pendant huit jours, le temps de digérer. »

Comment s'est déroulée la naissance ?

« La naissance : un vrai cauchemar. Déjà une grossesse très stressante avec des allers-retours à l'hôpital Necker à Paris.

D'abord une suspicion de STT à 18 SA, qui s'est révélé être un retard de croissance sur l'un des fœtus à cause d'une mauvaise implantation du cordon. Puis à 22 SA, cette fois, le STT s'est déclaré avec opération au laser à Necker. Echographies toutes les semaines, stress, impossibilité de se projeter dans cette grossesse... Et puis, à 29 SA, rupture de la poche des eaux. Hospitalisation, j'ai tenu 10 jours de plus. A 30 SA + 4, le travail s'est mis en route et il a fallu accoucher. Le bébé avec un retard de croissance montrait de gros signes de faiblesse, alors les médecins ont opté pour une césarienne et vu l'urgence, ça a été sous anesthésie générale. En même temps, c'était tellement terrible, j'avais tellement peur que ça valait mieux. Je ne voulais pas être consciente de tout ce qui se passait. On avait choisi un seul prénom sur les deux. Je refusais d'accoucher sans avoir choisi les deux prénoms car je ne pouvais pas commencer mon rôle de maman de jumelles avec une telle différence de traitement. Alors, c'est dans l'urgence que mon mari a tranché (je lui ai dit que moi, j'en étais incapable). Et aucun regret, ce prénom était celui qu'il fallait à notre princesse !
Au réveil, mon mari était près de moi et il a réussi (je ne l'en remercierai jamais assez) à me montrer des photos de nos bébés, avec le sourire et en me disant “tout va bien”. Tout n'allait pas si mal mais la photo d'un bébé de 1 kg intubé n'est pas des plus rassurantes... Pourtant, il a su me rassurer, et c'est la grande force des papas de bébés préma ! Avant d'aller dans ma chambre, j'ai pu aller en lit dans les chambres des filles. L'une en soins intensifs, l'autre en réa... ça a été très dur et ma 1re nuit loin d'elles, une nuit blanche remplie de douleurs, de peurs et de tristesse... Deux mois et demi plus tard, enfin, on a pu rentrer à la maison. »

Quels ont été les chamboulements dans votre vie depuis l’arrivée des jumeaux ?
« - Déménagement obligatoire.
- Changement de voiture obligatoire.

- J'ai dû arrêter mon travail au 4e mois de grossesse car gros soucis (STT), et je ne reprends que dans trois jours (prématurité des filles, donc je suis restée auprès d'elles le plus possible). En tout, 18 mois d'arrêt.
- Prématurité et découverte du monde de la néonatalogie. Deux mois et demi d'hospitalisation pour les filles, soit deux mois et demi sans elles et deux mois et demi d'inquiétudes.
- Manque de sommeil et de repos. Une vie à 200 à l'heure, où il faut tout le temps être en activité pour ne pas se laisser déborder.
- Devenir sociable parce qu'on n'a pas le choix : tout le monde veut vous parler ! »

Comment avez-vous annoncé la naissance des jumeaux à votre aînée ?
« On l'a annoncé simplement, avec des mots simples, car la “grande” avait trois ans et demi à l'époque. On lui a dit qu'elle allait être grande sœur et qu'elle avait de la chance parce qu'elle aurait deux petits frères ou petites sœurs parce que maman avait deux bébés dans son ventre. Elle voulait des petites sœurs alors on lui a dit que ça, on ne pouvait pas le décider. Elle a demandé qui décidait et on lui a répondu que c'était la vie. La réponse lui a convenu et à chaque fois qu'elle annonçait qu'elle allait bientôt être grande sœur, elle ajoutait : “On ne sait pas si ce sera des filles ou des garçons, c'est la vie qui décide !” »

Comment lui avez-vous expliqué la gémellité ?
« On lui a juste dit que souvent, il y avait un seul bébé dans le ventre d'une maman mais que parfois, il pouvait y en avoir plusieurs, que c'était rare et que c'était une chance.

On a dû lui expliquer qu'elle ne pourrait pas avoir un frère et une sœur parce que les deux bébés étaient des “vrais” jumeaux. C'est-à-dire qu'ils allaient beaucoup se ressembler. On a lu des livres pour la préparer et lui expliquer. »

Quels conseils donneriez-vous aux parents et futurs parents de jumeaux ?
« Surtout, pendant la grossesse, il faut se préserver et être très à l'écoute de son corps. Ce sont des grossesses difficiles et beaucoup de jumeaux naissent avant terme. Il faut vraiment être prudente et se reposer.
Quand les bébés sont là, il faut surtout accepter l'aide extérieure ! J'avais reçu ce conseil et c'est vrai que ça m'a été utile. Si quelqu'un propose son aide, il ne faut pas hésiter. Ça peut être en vous cuisinant un petit plat ou en gardant l'aîné ou les aînés de vos fratries, ou en vous faisant une course... Toute aide est bonne à prendre, surtout les premiers mois. Il faut d'ailleurs ne pas hésiter à faire appel à une aide-ménagère. Selon les départements, il peut y avoir des prises en charge financières. Franchement, ne pas avoir à faire ses sols et ses poussières les premiers mois, c'est précieux !
Il faut aussi prendre contact avec l'asso "Jumeaux et plus" de son département. Ecoute, conseils, prêt de matériel et de vêtements, c'est très utile.
Etre soudé et indulgent avec son conjoint. Ce n'est pas tous les jours facile et avec la fatigue, on a vite fait de se disputer. Alors, essayer de se préserver l'un l'autre, de s'accorder des temps de pause à chacun. Et dès qu'on peut, faire garder les enfants par les grands-parents et retrouver des moments à deux. Même rares, ce sont des moments importants.
Sinon, avec les bébés, allez au plus simple : on ne stérilise pas, si on donne le bib, on le donne à température ambiante, on donne le bain un jour sur deux... Enfin, le plus simple est le mieux. Au moins au début. La culpabilité, on la laisse au placard : il n'y a pas de parents parfaits, alors autant en faire le deuil tout de suite ! Et, pour ce qui est de l'allaitement maternel : chacun fait comme il veut, comme il peut. »
Quels bénéfices voyez-vous à être parent de jumeaux ?
« Voir deux bébés grandir ensemble, c'est une expérience extraordinaire. On vit une aventure et on sait qu'on est

privilégié pour ça. C'est dur, mais c'est aussi beaucoup de bonheurs et de rires !
Et puis, on rencontre beaucoup de gens avec la gémellité. C'est parfois usant, mais on fait aussi de belles rencontres. Il y a une complicité avec les autres parents de jujus.
Rien que de remplir ce questionnaire pour ce projet de livre montre qu'on vit quelque chose de particulier, que peu de gens vivent finalement. En devenant parents de jumeaux, on ouvre la porte vers un nouvel univers. »

Ma vision de père, par Grégory

Le jour où tout a basculé… vision d'un papa

Sophie et moi attendons des jumelles. Nous sommes le mercredi 27 Juillet 2011, il est un peu avant 9h.La sage-femme m'annonce, comme il était prévu, que je ne peux assister à la naissance de mes filles et que je devrais donc attendre dans la salle d'attente que l'on vienne me chercher. J'embrasse ma femme et m'efforce de lui montrer ma confiance dans les évènements qui vont suivre… la vérité c'est que j'angoisse comme un gamin que l'on conduit chez le docteur !

Je m'installe dans la salle, seul, en me demandant combien de temps je suis censé attendre ici. Les minutes passent, le temps se fait long…du moins pour moi. Il est 9h34 précisément, la sage-femme passe la grande porte d'accès aux salles de travail, entre dans la salle d'attente et vient vers moi avec un large sourire. Elle m'annonce d'une voix douce la venue au monde des deux petites demoiselles que Sophie s'est chargée de cocooner jusque-là. Je me lève d'un seul tenant, mu par l'incommensurable besoin de faire connaissance avec ces deux inconnues, passe à mon tour cette grande porte et longe le couloir jusqu'à atteindre la salle dédiée aux premiers soins des nouveau-nés. Et là, je les vois, je les découvre enfin après de longues semaines à imaginer les plus petits détails de leur être… je ne peux plus parler, mes jambes me permettent juste de tenir debout, il s'opère un tel bouleversement émotionnel en moi à la vue de ces petits êtres… c'est tout simplement indescriptible… ça y est, je sais enfin pourquoi je suis sur cette terre, je suis PAPA !

L'infirmière me présente Margot et me demande si je veux la prendre. Je n'ai jamais tenu un bébé aussi petit, j'ai d'ailleurs toujours refusé de peur de faire mal, de mal faire, de ne pas être à la hauteur. Mais à cet instant, les mots vont plus vite que ma pensée analytique, Oui bien sûr que je veux la prendre ! Je m'assois sur la chaise derrière moi, on me pose délicatement ma petite princesse dans les bras. Elle semble apaisée, ses traits sont si fins, elle a quelque chose de sa maman me suis-je dit à ce moment... je suis aspiré par son aura, je n'arrive pas à regarder autre chose pendant ces quelques minutes, je la dévore des yeux.

On me présente ensuite ma petite Ninon. Là est le vrai privilège d'être parent de juju, deux fois plus de plaisir. Ninon est bien plus frêle que sa sœur, quelques 800g de moins tout de même, mais elle est tout aussi belle. Elle est également plus nerveuse et plus agitée. En réalité, elle a froid et ses faibles réserves ne lui suffisent pas à se réchauffer. L'équipe médicale décide donc d'envoyer ma petite chérie très vite en néonatologie pour l'aider à se réchauffer et à se remettre d'aplomb. Maman n'aura même pas eu le temps de la voir et de l'embrasser. Tout juste un gros bisou à Margot avant de partir en salle de réveil... elles ont depuis eu tout le temps de se connaître et de se câliner réciproquement, rassurez-vous.

Le baptême du feu

Margot entre pour la première fois chez elle début Août. Ninon n'arrivera quant à elle que le 15 Août mais en pleine forme...
Avec l'arrivée des filles à la maison, la théorie fait place à la pratique, avec la peur ne pas être à la hauteur. Sophie et moi sommes tous deux de nature organisée, partir à l'aventure ne fait pas partie de notre registre. Dès les premières semaines de grossesse, nous avons scruté le moindre article évoquant la gémellité, visionné des heures de reportages sur le sujet, engagé les travaux dans la pièce qui allait devenir leur chambre.

Puis vient le moment d'investir dans une poussette double et tous ses accessoires. L'achat de la poussette réalisé, il est temps de se rendre compte que le coffre de la voiture ne peut en contenir davantage… en mode recherche d'un véhicule familial adapté ! Je ne peux m'empêcher en écrivant ces mots de repenser à la tête du commercial me voyant me diriger vers le coffre du modèle pressenti, y faire un test grandeur nature avec la poussette pour m'assurer de la contenance de celui-ci. Je n'avais même pas encore jeté un coup d'œil sur l'habitacle !!

Tout est donc prêt pour accueillir nos filles, tout sauf les parents... Dès le premier jour, il n'y a pas de répit…changement de couche x 2 toutes les 2 ou 3 heures plus biberon x 2 dans les mêmes intervalles…et pendant les interludes, les tâches ménagères, les amis et la famille qui appellent pour prendre des nouvelles ou qui passent à l'improviste…ma femme et moi serions tentés d'opérer en roulement pour les nuits…finalement, nous serons levés tous les deux, en monde zombie, pour satisfaire l'insatiable appétit de ces deux bouts de choux… L'attention est permanente, chaque action est dédoublée et le simple fait de devoir donner le biberon devient presque un fait d'arme ! Avez-vous déjà essayé de donner le biberon à deux enfants en même temps ? La solution serait de donner à l'un, puis à l'autre. Mais quand les deux ventres sur pattes vous font comprendre que la faim s'est installée et qu'il n'est pas concevable d'attendre une minute de plus, là les vrais problèmes commencent… Etre parent ça se mérite après tout !

1+1 = 4

L'arrivée d'un enfant dans la cellule familiale bouleverse les habitudes d'un couple. Qui n'est pas parent ne fait qu'effleurer cette idée. Le centre de gravité du couple se déplace vers l'enfant, vers son bien-être. Beaucoup de parents

de jumeaux, et moi le premier, vous diront que le maître mot est l'organisation. Elever des jumeaux, c'est ne pas laisser de place à l'improvisation, c'est prévoir et encore prévoir. Et être alerte 24 heures sur 24 a des conséquences importantes sur la mère et le couple. Beaucoup d'hommes vivent assez mal les premiers mois, voire les premières années suivant l'arrivée d'un enfant, ils ont le sentiment d'être laissés au bord de la route par leur conjointe au profit de l'enfant. Ah l'instinct maternel, c'est une chose dont avons tant besoin pour nous épanouir et nous construire le temps de notre enfance, et que nous redoutons ensuite à l'âge d'homme... Et l'arrivée de jumeaux décuple encore cette impression.
En tant que père de jumelles, je vois combien il est fatiguant, éreintant pour mon épouse de veiller à leur bien être quotidien. Et il arrive très, peut-être trop, fréquemment qu'elle n'ait simplement plus la force de veiller au bien être de notre couple. Je suis persuadé qu'en lisant ces mots, certains se reconnaîtront. A ceux-là je dis : non, ne pensez pas que votre couple est perdu. Les hommes ont besoin de se sentir aimés, réconfortés. Dans les conditions que je viens de décrire, il n'est malheureusement pas rare de voir des hommes démissionner de leur rôle de mari et père, se sentant abandonné et ne voyant plus aucun intérêt à défendre une position qui leur semble perdue d'avance. Et pourtant, c'est plus que jamais le moment de vous poser en tant que soutien indéfectible auprès de votre compagne. Faites-vous violence messieurs ! Reprenez à votre compte certaines tâches ménagères, occupez-vous autant que possible de vos enfants... une maman qui peut se reposer sur son compagnon, son mari, redeviendra à coup sûr une femme aimante et dévouée. Ne perdez pas espoir, les filles ont maintenant un peu plus de 3 ans, les voir grandir et s'émanciper est un bonheur de tous les jours, et le meilleur est encore à venir...

CONCLUSION

Combien d'entre nous, parents de jumeaux, se sont reconnus dans certaines situations ?
Bien sûr, il existe différents types de jumeaux. Bien sûr, cela occasionne des désagréments et des bonheurs différents. Bien sûr, ils n'ont pas tous le même âge, le même sexe... ! Etc.
Mais, reconnaissons que certaines choses nous parlent à tous.
Les parents de jumeaux sont de plus en plus nombreux, ils se questionnent, ils rigolent, parfois ils râlent (même souvent) !
Il y a encore quelques années, en l'absence d'échographies et du progrès médical associé, les mamans enceintes n'étaient averties de la gémellité de leur grossesse que très tard, voire trop tard... Elles faisaient face à un choc bien plus grand.
Aujourd'hui, nous sommes averties de bonne heure (à la bonne heure). Parfois, nous nous y attendons avant même de connaître une grossesse...
Je trouve ainsi essentiel de se préparer le mieux possible, et d'anticiper les petits maux de la parentalité gémellaire afin de profiter au maximum des joies que cela occasionne.
Ainsi, vous qui êtes en pleine préparation, vous, futur parent de jumeaux, sachez que la plus belle des préparations reste le rire.

Je dis toujours : « Le rire, c'est comme les essuie-glaces de votre voiture ! Ça n'enlève pas la pluie, mais ça permet d'avancer. »
Notre quotidien est loin d'être rose bonbon, mais il est également loin d'être minable.

Nous sommes tous heureux (si, ça finit par arriver !) et fiers d'être des parents de jumeaux. Cela nous rend particuliers, intéressants voire héroïques pour certains. Cela peut aussi être perçu comme anormal, dérangeant, perturbant... Quoi qu'il en soit, notre situation ne laisse pas indifférent.

De grandes perceptions, pour de grandes incompréhensions... Restons solidaires (même au sein du couple) et unis face aux *a priori* qui nous isolent, et ouvrons notre clapet face aux cloisonnements législatifs.

Nous sommes une communauté à part entière, qui en bave, oui ! Surtout la première année...

Mais une communauté qui rigole, qui vit, qui sourit.

Bref, je voulais en rire avec vous.

LIENS UTILES

Lien utile pour les parents de jumeaux :
http://www.jumeaux-et-plus.fr/

Ce site est celui de la Fédération « Jumeaux et plus » association loi de 1901, reconnue d'utilité publique.
La Fédération « Jumeaux et plus » regroupe plus de 800 bénévoles dans 80 associations départementales, qui proposent une entraide morale et matérielle aux parents de jumeaux, triplés et plus, afin de les soutenir dans leurs difficultés quotidiennes.

Pour les contacter :
Fédération « Jumeaux et plus »
28 place Saint Georges
75009 Paris - France
Tél. : 01 44 53 06 03

Blogs et Sites de parents de jumeaux :
http://www.mamandouble.fr/
http://www.mamandoublemixte.blogspot.fr
http ://www.poulpettesapaillettes.com
http://www.lebonheurdavoirdesjumeaux.blogspot.fr
http://www.mamatwins.fr
http://www.jumeauxandco.com
http://www.papacube.com
http://www.trucs2papa.fr
http://www.coup-double.com
http://www.twins-and-us.com
http://www.lesmamanswinneuses.com
http://www.maxy-mum.com

LEXIQUE DU PARENT DE JUMEAUX

- ☞ RALC : réflexion à la con.
- ☞ NDM : nuit de m..de.
- ☞ Parent de singleton : parent hors de notre norme qui ne réalise pas sa chance de n'avoir qu'un enfant à la fois...

- ☞ Termes médicaux : un jargon qui devient vite ton quotidien, ton dada...
- ☞ DPA : date prévue d'accouchement.
- ☞ MAP : menace d'accouchement prématuré.
- ☞ RCIU : retard de croissance intra-utérin.
- ☞ RGO : régurgitation gastro-œsophagienne.
- ☞ SA : semaines d'aménorrhée.
- ☞ SF : sage-femme.
- ☞ STT : syndrome transfuseur transfusé.(...)

- ☞ Termes du quotidien : quel jour est-il, déjà ?
- ☞ Douche : boîte carrée où l'eau coule 1,5 minute, temps interminable, et où les bébés ne veulent pas que tu ailles.
- ☞ Bain : rare et précieux médicament anti-dépression.
- ☞ Salon : pièce transformée en magasin de jouets, qui reprendra ses fonctions plus tard, bien plus tard !
- ☞ Poussette double : chariot ou tank à déplier et replier sans arrêt.
- ☞ Jouet : objet volant non identifié, émettant des sons répétitifs identifiés…
- ☞ Couche : objet coûteux de torture pour bébé, pour maman, pour papa, mais pas pour *bambers* !
- ☞ Bras : ustensiles musclés greffés à ton corps, d'une grande utilité en cas de jumeaux.

- ☞ Dos : lamentable partie de ton corps que tu identifies pleinement lorsque tu t'allonges.
- ☞ Caféine : drogue nécessaire en cas de NDM.
- ☞ Vacances : quel est ce mot déjà ?!
- ☞ Nuit paisible : objet d'intense désir. Tu détestes vite ceux qui la côtoient régulièrement !
- ☞ Changer la couche : action accomplie une quinzaine de fois par jour les premiers temps, puis une dizaine, que tu finis par faire les yeux fermés en 30 secondes chronomètre en main.
- ☞ Sieste : petit instant très court où le temps passe très vite.
- ☞ Doudou : nounours ou objet pot de colle plein de bave.
- ☞ Puériculture : domaine marketing inapproprié (la plupart du temps) qui n'envisage pas grand-chose pour ton « cas ».
- ☞ Tapis d'éveil : au début, tu es content de l'avoir, mais il devient très vite, trop vite, trop petit avec tes deux grumeaux.
- ☞ Biberon : objet envahissant à laver, stériliser et ranger.
- ☞ Pot de conservation : achat utile dans l'organisation de la diversification alimentaire.
- ☞ Congé parental : une décision professionnelle financièrement incontournable, quoi qu'on en dise...
- ☞ Monospace ou papamobile : la cause de ta ruine monétaire.
- ☞ Tétine ou sucette ou tutute : bouchon à bébé.
- ☞ Mobile lumineux qui berce bébé : douce mélodie pour bébé, bruyante mélodie répétitive pour toi, mais qui devient ton ami lorsque bébé s'endort.
- ☞ Bavoir : petit morceau de tissu qui te fait économiser bien des machines.

(...)

REMERCIEMENTS

Couverture : Marie Crayon et Floriane Roussel
Illustrations : Adrien Bischoff et Marie Crayon
Relecture : Françoise Le Maguet

Merci aux nombreux volontaires qui, malgré leur emploi du temps chargé de parents de jumeaux, **ont pris le temps de raconter leurs aventures**.

Merci à ceux qui ont contribué à la parution de ce livre ; Nathalie Peuch, Valérie Gény-Poubeau de Jumeaux et Plus 18, Marie Tailhardat, Malika Gauvrit, Belinda Gondran, Anaïs Beve, Aurelie Lancereau, Julie Revereault, Priscilla Pelouard, Angelina Dekeukelare, Severine Lallement, Emmanuelle Thépaut, Adeline Hubert, Lorène Wiernik, Aline Pascal de Raykeer, Ju Ste, Aurelie Delbos, Mégane MaëlleCélia, Jessica Pichon, Marion Le gars, Coralie Molinier, Maud Gérard, Virginie Lopes, Julie Fleuriault, Emilie Chalvignac, Angélique Royer – Muller, Marie Champion, Sandra Orsaczek, Céline Lebas, Emilie Eliot, Severine Flinois, Nicolas Desgres-Niveau, Tiphaine Bernardi, Sophie Beaurain, Delphine Bonnafoux, Sonia Brasseur, Laetitia Fouasnon, Aline Galland, Marie Malvaldi, Noëlie Despres, Virginie Chauveau, Lydie Quantin, Amandine Schaefer, Nicole Hugo, Isabelle Robin, Sophie Simonek, Jérôme Caillaud, Claudia Fallet, Nadine Bihet, Christelle Osztopani, Aurélia Plazolles, Aude Renson, Jacques et Lorette Pied, Corinne Steciw, Laura Herbert, Jean-Jacques Carlier, Virginie Huguet, Bertrand Gaugain, Pamela Jaccou, Adrianne Petit, Stéphanie Croce,

Audrey Kerlo, Catherine Dolmaire, Célia Petit, Ariane Vincent, Émilie Phélizot, Myriam Boudewyn, Alexandrie Pélissier, Yann Herbert, Cécile Fougère, Jumeaux et plus 14, Céline Missoffe, Marina Breger, Camille Brinet, Elen Gadonna, Nanie Thi, Aurélie Millon, Christel Szmidt, Karine Tassel, Gwladys, Aurélie Monceu, Renaud Girardeau, Christelle Landreau, Maguy Choteau, Sarah Jumeau, Sandrine Chartrain, Elodie Lahutte, Blandine Chanel, Maud Guldner, Fanny Billard, Maz Mazelle K, Virginie Lebert, Hélène Wallyn, Aurélie Morice, Caroline Brun, Elodie Durand, Marjorie Garzaro, Céline Leroy, Julie Leprince, Emmanuel Heitmann-Taillefer, Murielle Gasnot, Sonia Vérité, Estelle Blanchard, Astrid Lüpke, Sandrine Leonard, Karine Bennert, Jamila Thiam, Anne Deheselle-Lassalle, Olivia Teodori, Jennifer Choteau, Emmanuel Wagner, Sandra Rainette, Claire Fournier, Hélène Merville, Brigitte Lemonnier, Émilie Stéphane, Virginie Jaouen, Marie Orhon, Juliane Wolff, Céline Goubet, Julie Guermeur, Julien Blais, Laetitia KR, Fernanda Goujard, Karine Donat Magnin, Elodie Hureau, Katiana Frau, Madeline Guerre, Anabela Santos, Sandie Castel, Magalie Maillet Nicolas, Apolline & Linaë Longo, Enor Mouchoux, Satsuky Urbain, Préscilia Simon-Aucher, Amélie Dufour, Myrtille Marcelli, Jonathan Cantrule, Nathalie Perez, Cécile Malisoux, Ngoc-Boi Roukine, Marina Mata, Maud Levesqueau, Myriam Potacsek, Anne-Catherine Claude, Sabri Na, Émilie Dubois, Lucie Hérouin, Vanessa Meisberger, Barbara Tanguy, Laëtitia Sabot, Elodie Idir Droal, Elisa Handschutter, Delphine Sugere, Laetitia Sébastien, Elodie Simon, Adeline Challet, Laetitia Schotte, Marion Haas, Jean-charles Gimenez, Céline Dericbourg, Laetitia et Alexandre Leprevost, Sarah Laborde, Yohann Boucher, Patricia Cousté, Aurélie Saudemont, Laetitia Cousté, Cécile Mer Sciée, Virginie Chassard, Lise Brung, Martine Parmentier, Olivia Arrigoni, Catherine Darret, Aurore Duploye, Sabrina Bouaf, Myriem Viaud, Solène Marchand,

Sabrina Le jeune, Mel Thezenas, Sabrina Ait Moumma, Virginie Darmengeat, Séverine Darcq, Amélie de la Bouere, Céline Desplat Épouse Macré, Lili Martin, Céline Dieleman, Virginie Fétrot, Jennifer Deltombe, Anaïs Laemle, Françoise Guillemot, Julie Schappler, Marion Pau, Edwige et Alexis Gros, Nadège Didelot Claudel, Cécile Petit, Christina Stengel, Alexiane Bon.

Merci, pour leurs précieux conseils dans la réalisation de ce projet : La fédération Jumeaux et Plus, ses associations départementales et Virginie, du blog "Maman Double".

Merci à mon précieux entourage qui m'apporte tant quotidiennement,

Merci à ma Maman pour son tendre soutien,

Merci à Frédérick, mon chéri que j'aime énormément !

Imprimé en France